Mehmet Yilmazata

Die Bagdadbahn

Mehmet Yilmazata

Die Bagdadbahn

Schienen zur Weltmacht

Tectum Verlag

Mehmet Yilmazata

Die Bagdadbahn.
Schienen zur Weltmacht

ISBN: 978-3-8288-2493-5

Umschlagabbildungen: © Banderole: Library of Congress
Hauptmotiv: Bundesarchiv, Bild 137-000487 | Fotograf: G.K. Solakin
Umschlaggestaltung: Heike Amthor | Tectum Verlag

Besuchen Sie uns im Internet
www.tectum-verlag.de

Bibliografische Informationen der Deutschen Nationalbibliothek
Die Deutsche Nationalbibliothek verzeichnet diese Publikation in der Deutschen Nationalbibliografie; detaillierte bibliografische Angaben sind im Internet über http://dnb.ddb.de abrufbar.

Vorwort

Der Autor, Mehmet Yilmazata, beschreibt anhand des Beispiels der Bagdadbahn in anschaulicher Weise die zugrunde liegende historische Dynamik des Prozesses der Blockbildung der Grossmächte gegen Anfang des vergangenen Jahrhunderts. Die als Bagdadbahn bekannt gewordene Eisenbahnlinie war ohne Zweifel eine der herausragendsten zeitgenössischer Ingenieurskunst; man mag diese gern als ein Projekt beschreiben, welches neue Horizonte erschloss, und den Unbilden der Natur, sowie Bergen, Schlüchten und Wüsten trotzte. Wenn man sich den damaligen Entwicklungsstand der Technik vor Augen führt, erfüllt uns das Bagdadbahnprojekt auch heute noch mit Ehrfurcht.

Aufgrund der weltpolitischen Ereignisse erlangte sie jedoch erst lange nach dem ersten Spatenstich die ihr zustehende Bedeutung. Dies erreichte sie mit der Vollendung des letzten Teilstücks im Jahre 1940, sowie durch den Ausbau des Eisenbahnnetzes der Türkischen Staatseisenbahnen

Das Projekt "Bagdadbahn" wird durch das vorliegende Werk nicht nur als ein historisches Ereignis, sondern vielmehr auch als ein in seiner Bedeutung als solcher kaum genügend gewürdigter Meilenstein in der Geschichte der Entwicklung der Infrastruktur der Türkei beleuchtet. Weiterhin wird die Bagdadbahn nicht nur als politisches Instrument der Rivalität zwischen den Grossmächten, sondern vielmehr als ein friedliches Infrastruktur- und Wirtschaftsprojekt vorgestellt.

Als Kommunikationswissenschaftler möchte ich abschliessend bemerken, dass die vorliegende Arbeit geeignet ist Denkanstöße zu vermitteln, und neue Wege für den Internationalen Kontaktaustausch auf sozialer, wirtschaftlicher und politischer Ebene aufzeigt.

Emrah Altuntecim
Kommunikationswissenschaftler/Unternehmensberater

Danksagung

Ich bedanke mich für die wertvolle Hilfe beim Korrekturlesen bei Frau Anabelle Klein-Albenhausen.

Inhalt

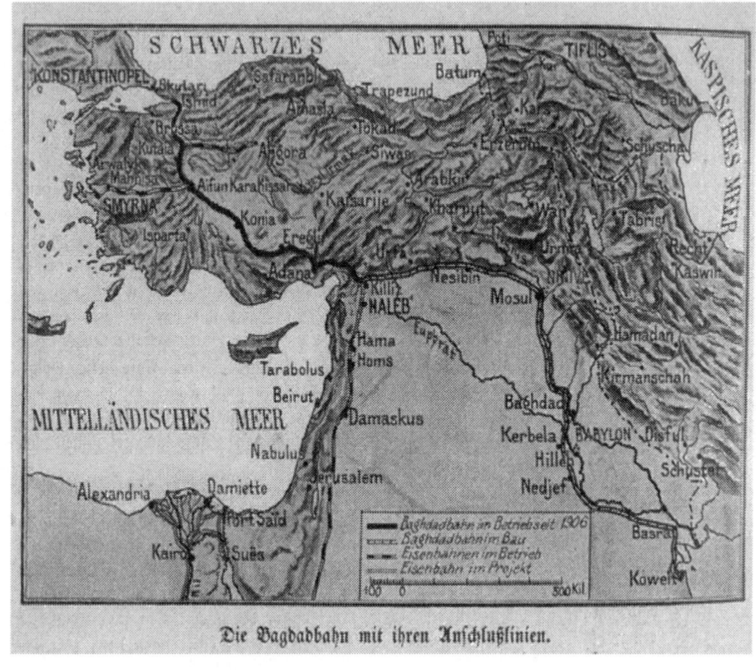

Die Bagdadbahn mit ihren Anschlußlinien.

Projektierter Streckenverlauf der Bagdadbahn (Kollektion Autor)

Einleitung

Bagdadbahn – allein der Name dieser Bahnlinie erweckt vor allem bei Eisenbahnfreunden nostalgische Gefühle, Fernweh und Neugier. Die Bagdadbahn war seit Beginn erster Planungen für dieses Großprojekt im letzten Viertel des 19. Jahrhunderts weitaus mehr als ein bloßes Logistikunternehmen, entstanden als nüchterne Blaupause am Reißbrett von Ingenieurbüros. Interessen verschiedenster Art kollidierten miteinander, reelle Profitkalkulationen der Eisenbahnbarone vermischten sich mit dem politischen Wunschdenken von Diplomaten in den europäischen Hauptstädten, die alle das Ziel hatten, ihrer eigenen Nation politischen Einfluss, Ruhm und wirtschaftliche Macht im Nahen Osten zu sichern. Das Osmanische Reich, das den Zenith seiner Größe längst überschritten hatte und um sein Überleben kämpfte, suchte verzweifelt den Anschluss an die Moderne zu erreichen. Die Eisenbahn als schnellstes Fortbewegungsmittel ihrer Zeit schien hierbei ideal um die zentrifugalen Kräfte zu bannen, die den Bestand des Reiches bedrohten. Die Eisenbahn war für alle Beteiligten mehr als ein bloßes Transportsystem: sie war das Symbol des Industriezeitalters, des Fortschritts, ja die Garantie einer strahlenden Zukunft. Bahnbauprojekte trotzten den Widrigkeiten der Natur, Eisenbahnen erklommen die schwindelnden Höhen der Anden, die endlosen Weiten Sibiriens, durchquerten die Savannen und Urwälder des afrikanischen Kontinents. Am Bau einer Bahnlinie vom immer noch romantisch verklärten Konstantinopel bis hin zur alten Kalifenstadt Bagdad teilnehmen zu können war eine Herausforderung für junge europäische Ingenieure, die auf diese Weise auch Abenteuerlust und Fernweh stillen konnten. Junge osmanische Beamte, Offiziere und alte erfahrene Staatsmänner jedoch sahen im Bahnbauprojekt die Chance, Barrieren zu durchbrechen, bisher schlecht erreichbare Reichtümer wie die mesopotamischen Ölquellen zu erschließen und die Macht des Staates sichtbar mit prächtigen Bahngebäuden zu demonstrieren.

Diese Studie stellt sich die Aufgabe, wirtschaftliche und politische Zusammenhänge des Bagdadbahnbauprojektes am Anfang des 20-Jahrhunderts zu untersuchen. Es wird keinesfalls der Anspruch erhoben, eine vollständige Darstellung dieses gigantischen Projektes zu wagen. Vielmehr soll die Bedeutung der Bahnlinie sowohl vom deutschen als auch vom türkischen Standpunkt aus beleuchtet werden und ihre Rolle als internationales Großprojekt im Nahen Osten besser verständlich gemacht werden. Diese Arbeit fußt vor allem auf zeitgenössischen Quellen aus Archiven des Auswärtigen Amtes, sowie auf in diesem Zusammenhang erstmals publizierte Dokumente aus den Osmanischen Staatsarchiven und will somit ansatzweise andere Perspektiven aufzeigen. Hauptziel dieser Abhandlung ist das Aufzeigen der geopolitischen Rivalität der damaligen imperialen Mächte im Wettstreit um den Zugang zu Rohstoffquellen bzw. Märkten auf dem Gebiet des damaligen Osmanischen Reiches. Geklärt werden soll vor allem, ob die Bagdadbahn wirklich als klassisches Beispiel aggressiv-imperialer Politik des wilhelminischen Deutschlands bezeichnet werden kann. Weiterhin soll festgestellt werden, inwieweit sich die deutsche Politik wesentlich von der Herangehensweise anderer Großmächte unterschied. Des Weiteren soll die Bedeutung der Bagdadbahn für das Osmanische Reich in politischer, wirtschaftlicher und strategischer Hinsicht aufgezeigt werden. Trotz der engen Verquickung von Großmachtpolitik und Wirtschaft ist die Bahnlinie unter diesen Gesichtspunkten primär als ökonomisches und verkehrstechnisches Unternehmen zu verstehen. Die damals gebräuchliche staatsrechtliche Bezeichnung „Osmanisches Reich" war natürlich international anerkannt, im allgemeinen Sprachgebrauch wurde jedoch oft auch einfach die Bezeichnung „Türkei" verwendet, so dass in dieser Abhandlung bewusst beide Schreibweisen vorkommen. Die bei Jahresangaben bei einigen Archivquellen nachgestellte Abkürzung A.H. steht für die islamische Zeitrechnung nach „Anno Hidschra".

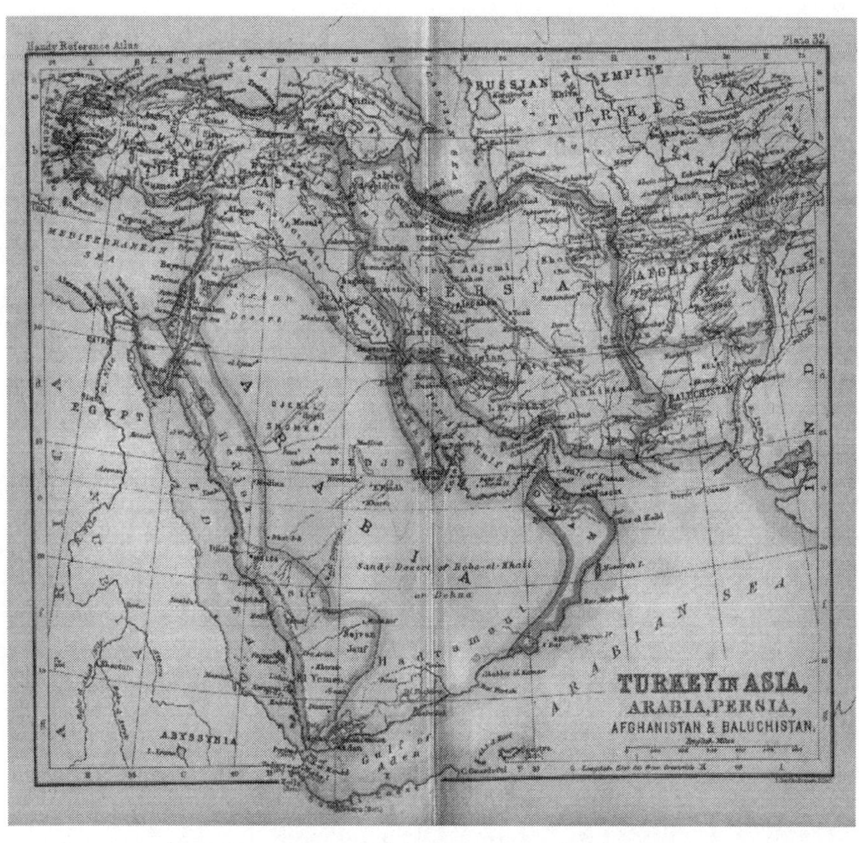

Das Osmanische Reich in Asien und der Mittlere Osten um 1900 (Kollektion Autor)

1. Großmachtpolitik und Fortschritt im frühen 20. Jahrhundert

Das zu Ende gehende späte 19. sowie das noch junge 20. Jahrhundert sind oft als „Zeitalter des Imperialismus" bezeichnet worden. Hinter dieser Bezeichnung verbirgt sich der Wettstreit der Nationalstaaten und Europäischen Großmächte, um die eigene wirtschaftliche und politische Vormachtstellung in der Welt durch den Erwerb von Kolonien zu forcieren. Hiermit sollte wiederum die billige Einfuhr von Rohstoffen, sowie das Prestige eines Staates als Großmacht gesichert werden.[1] Im Unterschied zu früheren Epochen, in denen der internationale Wettbewerb trotz der Eroberung von Kolonien seit dem 16. Jahrhundert eine noch lokal begrenzte Angelegenheit darstellte, war nunmehr die ganze Welt das Feld, in welchem Rivalitäten auf globaler Ebene ausgetragen wurden. Der Großmachtbegriff an sich kann als „eurozentrisch" bezeichnet werden. Frankreich war aufgrund seiner weiten Besitzungen, die vor allem in Afrika sowie in Südostasien erworben worden waren, ebenso eine Großmacht wie Großbritannien, das die Weltmeere mit seiner Flotte beherrschend, die Kontrolle über weite Gebiete der Welt inne hatte.[2] Auch die jungen Staaten Italien sowie das Deutsche Reich strebten nach dem Erwerb von Kolonialbesitz in Übersee, um würdige Teilhaber des Kampfes um Macht, Ruhm und Rohstoffen zu werden. Als Großmächte allgemein anerkannt war ebenfalls das zaristische Russland als Kontinentalmacht mit riesigem Landbesitz, sowie Österreich-Ungarn als Regionalmacht auf der Balkanhalbinsel. Gemein hatten alle Mächte (außer Russland) einen hohen bzw. aufstrebenden Grad an Industrialisierung, sowie die allgemein anerkannte Zugehörigkeit zum Konzert der Großmächte. Der Wettstreit um Rohstoffe drückte sich auch durch die indirekte Beherrschung des Weltmarktes aus. Dies bedeutete faktisch eine große wirtschaftliche Abhängigkeit von eigentlich souveränen Staaten von den Groß-

---

1 Hobsbawm, Eric J.: Das imperiale Zeitalter 1875-1914. DTB Frankfurt am Main 1999, S. 80

2 Doyle, W. Michale: Empires, Cornell University Press, Ithaca/London 1986,S. 262

mächten, was die tatsächliche Souveränität nicht industrialisierter Staaten erheblich schmälerte.[3] Diese Politik wurde als „wirtschaftliche Durchdringung" bezeichnet, und spielte insbesondere für das junge Deutsche Reich eine große Rolle in seiner Außenpolitik.[4] Das hoch industrialisierte Deutschland hatte nach seiner Einigung 1871 unter Reichskanzler von Bismarck, -zunächst offene Kolonialpolitik ablehnend,- die Erringung von wirtschaftlichem Prestige auf dem Weltmarkt und somit indirekte Machtpolitik bevorzugt.[5] Auch nach dem späten Eintritt in den Kolonialwettlauf erwiesen sich die deutschen Kolonien in Afrika und im Pazifik als wenig rentabel, so dass die Maxime „Wirtschaftsmacht ist politische Macht" immer aktuell blieb. Die Menschen dieses Zeitalters, hatten ihrer sozialen Schicht entsprechend natürlich verschiedene Auffassungen bzw. Prioritäten im Leben. Soziale Kritik war ebenso anzutreffen wie die rückhaltlos glühende Verehrung von Nation und Souverän. Steigende Bildung trug zum Wachstum von Zeitungen verschiedenster Couleur bei, die ebenso unterschiedliche politische Strömungen vorantrieben. Gemeinsam jedoch war allen Menschen die in den Industriestaaten bzw. nahe an deren Peripherie lebten, ein ungebrochener Glaube an den menschlichen Fortschritt, an die Macht der Maschinen sowie an das Primat der Technik als Voraussetzung menschlicher Entwicklung. Waren nicht eindrucksvolle Fabrikbauten, in denen mächtige Industrieelle das Schicksal von Nationen bestimmten, die neuen Kathedralen dieser Epoche? Waren nicht imposante Bankgebäude, antiken Tempeln nachempfunden, in denen die Hochfinanz immer neue Projekte rund um den Globus vorantrieb, die wahren Machtzentralen dieses Zeitalters? Und mussten prächtige Bahnhöfe im Stile von neogotischen bzw. neoklassizistischen Gebäuden dem Betrachter keinen Respekt einflößen? Von eben diesen Bahnhöfen wuchs unaufhaltsam ein Streckennetz aus Stahl, dass die entlegen-

---

3 Hobsbawn: S. 89

4 Conrad,Sebastian/Osterhammel, Jürgen (Hrsg.): Das Kaiserreich transnational. Deutschland in der Welt 1871-1918,Benhoeck und Rupprecht, Göttingen 2004, S. 57

5 Schmidt, Rainer F.: Deutschland und Europa. Außenpolitische Grundlinien zwischen Reichsgründung und Erstem Weltkrieg. HMRG Beihefte 58, Franz Steiner Verlag Stuttgart 2004, S.128

sten Weiten des Erdballs umspannte und den Austausch von Gütern aus aller Herren Länder erst ermöglichte.[6] Die Eisenbahn hatte den Nordamerikanischen Kontinent erschlossen, weder die Steppen Zentralasiens noch die Weiten Australiens waren in der Lage, die Eisenbahn und somit den Fortschritt aufzuhalten. Der zeitgenössische Betrachter musste mit Schwindeln wahrnehmen, dass noch ein bis zwei Generationen vorher als unvorstellbar weit geltende Entfernungen in greifbare Nähe rückten.[7] An Stelle von Kutschen und Segelschiffen waren Dampfschiff und Eisenbahn getreten, Reisen die vorher Wochen gedauert hatten konnten nunmehr genau nach Fahrplan in wenigen Tagen bewältigt werden. Zahlungskräftige Reisende mussten auch während der Fahrt nicht auf einen Luxus verzichten, der sich durchaus mit den besten Häusern in Wien, Paris und Berlin messen konnte. Kurz gesagt der Fortschritt schien unaufhaltsam, neue Erfindungen die die Kommunikation erleichterten, verbanden die Menschheit, kühne Pioniere der Luftfahrt wagten bereits erste Flugversuche. Auf der anderen Seite jedoch wachten die neuen Nationalstaaten über ihre jeweiligen Einflussgebiete. Auch in strategischer Hinsicht wurde die neue Technik von den Generalstabsoffizieren aller Armeen auf ihre Kriegstüchtigkeit überprüft. Das Wetterleuchten eines großen Konflikts, für den zeitgenössischen Betrachter zumeist noch kaum fühlbar, zeichnete sich bereits am Horizont ab.

---

6 Wunberg, Gotthart: Jahrhundertwende, Narr, Tübingen 2001, S. 34

7 Winseck, Dwayne A., Pike, Robert M.:Communication and Empire: Media, Markets, and Globalization, 1860-1930, Duke University Press 2007, S. 338

Europa im Jahre 1911 (Quelle: University of Texas Libraries)

2. Der Faktor „Öl" in der Rivalität der Großmächte

Rohöl tritt erst relativ spät, dann jedoch mit extrem großer Bedeutung als bestimmender Faktor der Großmachtpolitik in den Vordergrund. Während Petroleum zunächst als Brennstoff zur Lichtgewinnung diente, machte das Aufkommen von mit Öl bzw. Benzin betriebenen Motoren größere Rohölreserven zu einem wichtigen Element in der internationalen Politik. Insbesondere die Entwicklung von Kriegsschiffen des „Dreadnought" Typs, die mit Öl betriebene Motoren besaßen, war im Zeitalter der Flottenrüstung und besonders im Flottenrüstungswettlauf zwischen Großbritannien und dem Deutschen Reich ein wesentlicher Faktor, welcher die Kontrolle über Ölreserven zu einer Priorität machte.[8] Rohölvorkommen waren zu einem strategischen Faktor in der internationalen Politik avanciert. Während Öl in größerem Stil seit der zweiten Hälfte des 19. Jahrhunderts in Nordamerika am Kaspischen Meer gefördert wurde, richtete sich das Interesse nun auf die Ölfelder im Gebiet des Nahen Ostens. So entstanden große Ölfördergesellschaften wie beispielsweise die Caspian Oil Company in Russland, die Shell Company in Persien etc., die wesentlichen Einfluss auf die Politik der Förderländer wie beispielsweise das wirtschaftlich und politisch schwache Persien gewinnen konnten. Somit war die Ausbeutung von neuen Ölvorkommen spätestens seit Beginn des 20. Jahrhunderts ein weiteres Merkmal der Politik der Großmächte, der Mittlere Osten trat zusehends in den Brennpunkt der Machtinteressen.[9] Man hatte erkannt, dass Öl der Brennstoff der Zukunft war und begann weltweit nach Vorkommen zu suchen, die mit den damaligen Mitteln profitabel zu betreiben waren. Natürlich gingen auch hier die Impulse von den kapitalkräftigen Staaten aus, die zu den Großmächten zählten. Gerade Deutschland und Großbritannien verfügten jedoch

---

8 Hough, Richard: Periscope Publishing Ltd, Dreadnought: A History of the Modern Battleship, Penzance 2003, S. 130

9 Berg, Manfred/ Gassert, Philipp(Hrsg.): Deutschland und die USA in der Internationalen Geschichte des 20. JahrhundertS. Festschrift für Detlef Junker, Franz Steiner Verlag, Wiesbaden 2004, S. 157

noch über keine nennenswerten eigenen Ölvorkommen, so dass die Ölfelder im Norden Mesopotamiens im Brennpunkt des Interesses beider Großmächte standen.[10] Schließlich hatten beide Nationen einen starken Drang danach, auf dem Gebiet des Osmanischen Reiches ihren Einfluss zu verstärken und ihren Finanzmärkten neue Investitionsmöglichkeiten zu verschaffen. Problematisch war jedoch die unterentwickelte Infrastruktur des ins Auge gefassten Gebietes. Die Regierung des Osmanischen Reiches hatte natürlich auch Interesse daran, die neuen Rohstoffe zu erschließen. Der Fakt, dass hierfür der Ausbau des Eisenbahnnetzes von Nöten war, lag durchaus im Sinne fortschrittlich denkender Kreise des Reiches. Bot sich hierbei nicht die Chance, es den entwickelten Großmächten gleichzutun und die Moderne auch in die entlegeneren Provinzen des Reiches zu tragen? Zudem war der Bahnbau schon seit einer Generation Symbol eines Erneuerungswillens im Lande. Zudem hatte man insbesondere bei der Planung der zukünftigen Bagdadbahn die im Norden des heutigen Irak liegenden Rohölvorkommen bereits als potentiellen Brennstoff für den Betrieb der Bahn erkannt. Des Weiteren eigneten sich moderne Transportmittel wie Bahnen hervorragend für die Zufuhr von Rohöl zu den Absatzmärkten.[11] Nicht nur Briten und Osmanen, sondern auch deutsche Geschäftsleute hatten längst die Tragweite eines solchen Projektes erfasst und schickten sich an, es in die Realität umzusetzen. Gerade die Qualität und die Reichhaltigkeit der Ölquellen des Gebietes zwischen Euphrat und Tigris bei Kirkuk, Mossul, Tikrit und Hit ließ deutsche Planer jedoch fürchten, dass andere Großmächte und internationale Spekulanten sich diese Schätze noch vor der deutschen Wirtschaft sichern könnten.[12] Interessanterweise betrachtete die deutsche Außenpolitik trotz alledem den Ölfaktor im Wettrennen um Einfluss im Nahen Osten eher als zweitrangig, wohingegen britische Analysen die Kontrolle über das Öl als einen der wichtigsten Punkte in der Nahostpolitik

---

10 Hüber,Reinhold: Die Bagdadbahn. Volk und Reich Verlag, Berlin 1943, S. 50

11 Ortayli,Ilber: Osmanli Imparatorlugunda Alman Nüfusu, Iletisim , Istanbul 1999, S. 155

12 Rohrbach,Paul: Die Bagdadbahn. Verlag Wiegand und Grieben, Berlin 1902, S. 27

ansahen. Das Osmanische Reich scheint hingegen die Tragweite des Ölreichtums in der Region und seine weltpolitische Bedeutung schon recht klar erkannt zu haben, jedoch wegen Kapitalmangels die Ausbeutung nicht vorangetrieben zu haben. Hierbei ist es erwähnenswert, dass im Schriftverkehr der zeitgenössischen Osmanischen Verwaltung dem „Petroleum" ein zentraler Stellenwert beigemessen wird und Ölvorkommen im Vilayet (Provinz) Mosul unter der direkten Finanzverwaltung des Kaisers Abdülhamit II. standen, womit der Verkauf bzw. die widerrechtliche Aneignung des strategisch wichtigen Gebiets erschwert wurde.[13]

Nach Osmanischem Recht gehörten Grundeigentum sowie die dort befindlichen Rohstoffe dem Staat und konnten lediglich verpachtet werden, so dass auch Ölreserven Staatseigentum waren. Vergebene Konzessionen zur Ausbeutung von Rohstoffen umfassten aufgrund der juristischen Lage nicht nur Teile, sondern die Gesamtreserven eines Gebiets, so dass die Erlangung von Förderrechten durch ein Konsortium gleichsam einem Monopol entsprach.[14] Nicht umsonst stellte eine deutsche Studienkommission, die im Jahre 1901 zur Projektierung der Bahntrasse nach Mesopotamien gereist war, mit großem Pathos fest, dass das Gebiet „einen wahren See an Erdöl" beherbergen würde, welcher bei erfolgreicher Erlangung der Konzession der deutschen Volkswirtschaft zugutekommen würde. Allein schon der Fakt, dass durch die Ausbeutung der Quellen das Monopol der großen russischen Ölförderer am Kaspischen Meer gebrochen werden könnte, machte das Gebiet verlockend für deutsche Investoren.[15] Lediglich die direkte Unterstützung durch die Regierung in Berlin musste noch gewonnen werden, ein Vorhaben das unter einem durchaus günstigen Stern stand. Hatte doch insbesondere Kaiser Wilhelm II. ein geradezu herzliches Verhältnis zum „Kaiser der Osmanen" Abdülhamit II.; die bilateralen Beziehungen

---

13 Basbakanlik Osmanli Arsivi (BOA)=(Osmanisches Archiv Ministerpräsidialamt) Y.MTV. 296/69, 11 S. 1325 A.H.

14 Issawi,Charles: The Economic Legacy. In: Brown, Carl L.(Hrsg.): Imperial Legacy. The Ottoman Impact on the Balkans and the Middle East. Columbia University Press,New York 2000, S. 231

15 Earle,Edward Mead: Bağdat Demir ve Petrol Yolu Savaşı (1903-1923). Örgün Yayınevi,İstanbul 2003, S.23

waren ohnehin ausgezeichnet.[16] Lediglich die Bedeutung des Öls für die Stellung Deutschlands in der Welt musste noch weiter herausgestrichen werden, schließlich waren auch der Reichstag, die Presse und die öffentliche Meinung zu überzeugen, um die nötige Unterstützung zu erhalten.

---

16 Röhl, John C.G.: Wilhelm II. Der Aufbau der Persönlichen Monarchie, C.H. Beck, München 2001, S. 154

3. Die Beziehungen zwischen Deutschem und Osmanischen Reich

Das Osmanische Reich, einst die beherrschende Großmacht auf dem Balkan, im östlichen Mittelmeerraum, im Gebiet des Schwarzen Meeres und in weiten Teilen des Nahen Ostens, hatte aufgrund verschiedener wirtschaftlicher, militärtechnischer und politischer Faktoren seine beherrschende Stellung spätestens mit dem Vertrag von Kücük Kaynarca (1774) verloren.[17] Wirtschaftlich gesehen hatte der Nahe Osten mit dem Aufkommen der modernen Industriegesellschaft dramatische Veränderungen erlebt. Die Veränderung der Handelsrouten und das Aufkommen neuer Ressourcen und Märkte in Amerika im 17. und 18. Jahrhundert hatte zwar Auswirkungen auf die Osmanische Wirtschaft, jedoch blieb diese auch im Zeitalter des Aufkommens von Manufakturen im 18. Jahrhundert stark genug, um beispielsweise ein wichtiger Handelspartner für Länder im Mittelmeerraum wie Frankreich zu bleiben.[18]

Trotz des Importes von Luxusgütern und technischen Materialien war der Binnenhandel innerhalb des Reiches mit dem Austausch verschiedenster Güter aus allen Teilen des Reiches vom Balkan über Anatolien bis nach Ägypten noch bis zu Beginn des 19. Jahrhunderts von großer Bedeutung und trug zu einer relativ stabilen Wirtschaftsstruktur bei. Mit dem Aufkommen moderner Fertigwaren aus den Fabriken Europas und der Entwicklung moderner Kommunikations- und Verkehrsmittel wie dem Dampfschiff, der Eisenbahn, dem Telegrafen etc. entwickelte sich jedoch die Handelsbilanz des Reiches zunehmend negativ, da die heimische Produktion mit den billigeren importierten Gütern zu konkurrieren hatte. Dazu kamen Handels- und Zollprivilegien, die so genannten Kapitulationen, die europäischen Staaten zur Zeit der Großmachtstellung des Reiches zur Förderung des Handels zugestanden worden waren, die sich

17 Fisher, Alan W. : The Russian Annexation of the Crimea 1772-1783, Cambridge University Press, London 1970, S. 51

18 Ihsanoglu, Ekmeleddin(Hrsg.): Osmanli Devleti ve Medeniyeti Tarihi, c.1, IRCICA, Istanbul 1998, S. 70

jetzt jedoch als wirtschaftlicher Bumerang erwiesen, da ausländische Importe damit konkurrenzlos billig wurden. Handel und Industrie erschienen gegenüber den westlichen Nationen und selbst Russland als hoffnungslos rückständig und leitende Staatsmänner und Herrscher hatten seit dem Ende des 18. Jahrhunderts immer wieder versucht, Manufakturen und Fabriken zu fördern. Freilich stellte die rückständige Infrastruktur das Hauptproblem bei diesem Vorhaben dar. Selbst Produkte innerhalb der eigenen Grenzen konnten nur mit unzureichender Geschwindigkeit und Effizienz den Märkten zugeführt werde, und ausländisches Kapital beherrschte die Wirtschaft. War das Osmanische Reich zwar politisch souverän, musste es in wirtschaftlicher Sicht jedoch geradezu wie eine Halbkolonie erscheinen und die Begehrlichkeiten fremder Staaten erwecken.[19]

Wirtschaft und Politik waren auch damals schon untrennbar miteinander verbunden: man konnte einerseits hoffen durch militärische Macht und politische Drohungen dem erschwächten Osmanischen Reich, Konzessionen und Handelsprivilegien abzuringen. Andererseits bot sich die Möglichkeit, den Türken als treuer Verbündeter entgegenzutreten und als Abgeltung für die Unterstützung der Einheit des Reiches entsprechende finanzielle Vorrechte zu erwarten. Politisch und strategisch gesehen bedrohte Russland seit der Zeit Zar Peters des Großen mit seinem Wunsch, die Meerengen zu kontrollieren und seine Machtstellung auf dem Balkan auszuweiten, die Stellung des Osmanischen Reiches.[20] Parallel dazu entwickelte sich unter den christlichen Völkern des Osmanischen Reiches im 19. Jahrhundert unter dem Eindruck der Ideen der Französischen Revolution und im Zeichen der wachsenden Kommunikationsmöglichkeiten ein Nationalismus, der die Legitimität des Osmanischen Reiches auf dem Balkan bedrohte. Romantische Verklärung von Tradition, Folklore und Überlieferungen vermischten sich mit

---

19 Barlas, Dilek: Etatism and Diplomacy in Turkey: Economic and Foreign Policy Strategies in an Uncertain World, 1929-1939, Brill, Leiden 1998, S. 55

20 Anderson,M.S.: The Eastern Question 1774-1923. A Study in International RelationS. Macmillian press, London 1972, S. 208

der Idee des völkischen Nationalismus mit Unterstützung fremder Mächte zu einer Kombination, die den Bestand des Osmanischen Reiches auf der Balkanhalbinsel zunehmend als fragwürdig erscheinen ließ.

Besonders die Ideologie des Panslawismus, die Vereinigung aller slawischsprachigen Völker unter der Führung Russlands war ein politischer Faktor, der die osmanische Herrschaft in ihrem Bestand zunehmend bedrohte.[21] So hatte sich Serbien nach Griechenland als erstes die Unabhängigkeit ertrotzt. Bulgarien war seit dem Berliner Kongress von 1878 ein nur noch nominell unter Osmanischer Vorherrschaft stehendes Fürstentum gewesen, das mehr oder weniger offen die im Osmanischen Makedonien operierenden „Komitees" unterstützte, die sich blutige Scharmützel mit regulären türkischen Truppen und irregulären albanischen Verbänden lieferten. Im Gegensatz zur aggressiveren Haltung Russlands stand die Balkanmacht Österreich-Ungarn, die auf den Erhalt des Status Quo des Osmanischen Reiches bedacht war, um die eigene Herrschaft im nördlichen Balkan gegen Russland zu schützen. Ebenso verhielt sich England als Seemacht im Mittelmeerraum, das durch eine etwaige Kontrolle der Meerengen des Bosporus durch Russland die Zunahme russischer Macht im Mittelmeerraum und die Bedrohung des Seeweges nach Indien befürchtete.[22]

Unter dem Eindruck politischer, militärischer und wirtschaftlicher Schwäche war es Ziel der führenden Persönlichkeiten des Osmanischen Reiches, durch Neuerungen auf allen Gebieten das Reich wiederum auf solide und lebensfähige Grundlagen zu stellen. Das ganze 19. Jahrhundert hindurch wurden unter Mahmut II. (reg. 1808-1839), Abdülmecit (reg. 1839-1861), Abdülaziz (reg. 1861-1875) sowie Abdülhamit II. (reg. 1876-1909) sowie den bestimmenden Politikern dieser Epoche Mustafa Resid Pascha, Ali Pascha, Fuat Pascha

---

21 Landau, Jacob M.:Pan-Turkism: From Irredentism to Cooperation ,C. Hurst & Co., Hong Kong 1995 (reprint), S. 8

22 Ingram, Edward (ed.): Eastern Questions in the Nineteenth Century: Collected Essays: Volume 2, Allan Cunningham, Frank Gass & Co. Ltd., London 1993, S. 244

sowie Mithat Pascha große Anstrengungen unternommen, das Ziel der Modernisierung zu erreichen. Um auch nur stichwortartig einige der wichtigsten Neuerungen zu nennen, seien der Aufbau eines modernen Bildungswesens durch moderne Mittel- Grundschulen und Gymnasien, sowie technischen, militärischer und verwaltungswissenschaftlichen Hochschulen zur Ausbildung der Verwaltungseliten genannt.[23] Junge Offiziere, Staatsbeamte und Intellektuelle, ausgebildet in den Gymnasien und Akademien, deren Gründung insbesondere durch Abdülhamit II. gefördert worden war, begannen leidenschaftlich nach Wegen zu suchen, das Land aus seinem Phlegma zu reißen und den vergangenen Ruhm wiederherzustellen. Auch für sie war Technik gleichbedeutend mit Fortschritt und Erneuerung, ein neues Erziehungssystem sollte die in Tradition verharrenden Massen empfänglich für die Segnungen der Moderne machen. Wechselnde Herrscher und diesen treu ergebende Staatsmänner hatten somit seit zwei Generationen versucht, durch die Förderung von Ausbildung, Technik, Handel und Verkehr das Ruder herumzureißen und das Osmanische Reich zu regenerieren. Der autokratische Regierungsstil des Kaisers Abdülhamit II. erweckte zunehmend Unzufriedenheit unter der dünn gestreuten Schicht von Intellektuellen, jungen Offizieren und Beamten. Sie verdankten zwar eben diesem Herrscher, der das Schulwesen und technische Neuerungen förderte, ihre moderne Ausbildung, lasen jedoch in deutscher oder französischer Sprache nicht nur technische Fachbücher sondern vor allem politische Traktate und Zeitungen, die den Liberalismus und Parlamentarismus propagierten. Somit ist es kaum verwunderlich, dass diese Eliten den technischen Fortschritt als Maß aller Dinge ansahen und mit Bewunderung nach Europa blickten, das mit seinen Fabriken, Eisenbahnen und Hochschulen, aber auch mit seinen Zeitungen und Parlamenten unaufhaltsam nach vorne zu streben schien.[24] Nach dem Ende des Türkisch-

23 Lewis, Bernard: Modernlesen Türkiye`nin Dogusu.TTK, Ankara, 1998, S. 135

24 Zürcher, Erik Jan: The Unionist Factor: The Role of the Committee of Union and Progress in the Turkish National Movement 1905-1926, Brill, Leiden 1984, S. 10

Russischen Krieges von 1878 verlor das Osmanische Reich sowohl Territorien im Osten Anatoliens als auch in westlichen Teilen des Balkans. Die Politik der Großmächte hatte sich nun insofern geändert, als das Ende des Osmanischen Reiches nur noch eine Frage der Zeit zu sein schien. Die so genannte „Orientalische Frage" war nichts anderes mehr als das Bemühen der europäischen Großmächte, sich bei der anstehenden Aufteilung des Reiches angemessene Anteile zu sichern und gleichzeitig zu verhindern, dass der Streit um zu verteilende Gebiete und Ressourcen zu Verteilungskämpfen untereinander führen könnte.[25]

Im Gegensatz zu anderen europäischen Staaten entschloss sich das 1871 gegründete Deutsche Reich zu einer differenzierten Politik gegenüber dem Osmanischen Reich. Anstatt wie die übrigen Großmächte Druck auszuüben um wirtschaftliche und politische Interessen durchzusetzen, versuchte man als wohlwollender Partner und Freund aufzutreten, der bei Modernisierungsprojekten zwar nicht uneigennützig, jedoch fair zur Seite stehen würde. So war das Deutsche Reich seit den 1880er Jahren in großem Stil an der Reorganisation der türkischen Streitkräfte beteiligt und übertraf auch bald andere europäische Staaten bei Waffenverkäufen sowie technischer Unterstützung der Armee.[26] Es war somit nicht weiter verwunderlich, dass Deutschland das Ansehen vieler gebildeter Türken erringen konnte. Jahrgangsbeste Absolventen der osmanischen Kriegsschulen wurden zur weiteren Generalstabsausbildung nach Deutschland geschickt, wo sie in deutschen Regimentern ihren Dienst versahen. Konfrontiert mit preußischer Präzision und dem schneidigen Auftreten der Offiziere des wilhelminischen Deutschland, in dem die modernst ausgerüstete Armee wie ein Uhrwerk zu funktionieren schien, konnten sie nicht anders als den Deutschen Respekt und nicht selten auch kritiklos grenzenlose Bewunderung zu zollen. Zurückgekehrt zu ihren Heimatgarnisonen, die im Übrigen nach preußischem Vorbild gedrillt und zunehmend auch mit deutschen Waffen ausgerüstet wurden, trugen sie, wesentlich dazu bei, die politische und wirtschaftliche Stellung Berlins im Osmani-

---

25 Anderson: S. 140

26 Ortayli: S. 55

schen Reich zu festigen. Das Deutsche Reich avancierte mit der Zeit somit zu einem der wichtigsten Handelspartner des Osmanischen Reiches. Nichtsdestotrotz kristallisierte sich jedoch ein Sachverhalt mit Klarheit heraus: egal ob Eisenbahnbau oder Kohlebergwerk, ob Garnfabrik oder Baumwollspinnerei: der Mangel an einheimischem Kapital zwang das Osmanische Reich, finanzielle Investitionen aus dem Ausland gezielt zu fördern.

Es muss hinzugefügt werden, dass mit Zunahme von ausländischen Investitionen hauptsächlich im Rahmen von türkischen Staatsanleihen auch bei Anlegern und Gläubigern in England und Frankreich ein Interesse an der (vorläufigen) Existenz des Osmanischen Staates bestand, die Schulden selbst jedoch als politisches Druckmittel eingesetzt wurden. Das Deutsche Reich wiederum hatte bei der Verteilung der „letzten verfügbaren" Kolonien in Übersee zwar den prestigeträchtigen Status einer Kolonialmacht erlangt, in wirtschaftlicher Hinsicht aber erwiesen sich die Kolonien in Afrika und im Stillen Ozean als ungeeignet, den gigantischen Bedarf an Rohstoffen für die aufstrebende Industrie zu stillen.[27] Somit ist das Interesse wirtschaftlicher und politischer Kreise des Deutschen Reiches am Vorderen Orient eher verständlich: für wirtschaftliche Durchdringung, ohne direkte militärische Konfrontation stellte das Osmanische Reich ein ideales Feld dar. Parallel stiegen die Investition deutscher Banken wie der Deutschen Orientbank bzw. der Deutschen Bank im Osmanischen Reich an, wo sie eine Vielzahl von Filialen eröffneten und besonders im Bereich der Staatsanleihen aktiv wurden.[28] Somit entwickelte sich das Deutsche Reich zunehmend zum Haupthandelspartner des Osmanischen Reiches und gleichzeitig zu einem engen Verbündeten.

---

27 Earle: S. 51

28 Ortayli: S. 70

4. Eisenbahnpolitik und Wirtschaft im Osmanischen Reich

Die Modernisierung der Verkehrswege war sowohl in kommerzieller und strategischer als auch in politischer Hinsicht eine der Prioritäten für den Osmanischen Staat. Durch die Konkurrenz ausländischer Produkte war der Binnenhandel ohnehin in eine schwere Krise geraten: die unzureichenden Verkehrswege ließen die Verbreitung einheimischer Produkte lediglich innerhalb eines begrenzten Rahmens zu. So importierte das Osmanische Reich, obwohl vom Aufbau her eindeutig ein Agrarstaat, ab Mitte des 19. Jahrhunderts Getreide aus Übersee für die Versorgung von küstennahen Metropolen wie Izmir oder Istanbul, da die mangelhaften Verkehrswege den Transport aus den inneren Provinzen überteuerten. Ähnlich wie viele Staaten der damaligen Zeit verfolgte auch das Osmanische Reich zwischen 1860 und 1908 eine Politik hoher Schutzzölle, um die Verbreitung konkurrenzlos billiger Importartikel einzuschränken, bzw. zumindest Steuereinnahmen zu erzielen, wenn die heimische Produktion nicht gewährleistet werden konnte. Der Mangel an einheimischem Kapital bzw. Investoren führte zwangsläufig zu einer überproportionalen Aktivität des Staates in der Wirtschaft wodurch gewinnorientiertes Handeln oftmals erschwert wurde.[29] Andererseits hatte der Staat häufig keine andere Wahl, als auf Investoren aus dem Ausland zurückzugreifen, was die Unabhängigkeit des Osmanischen Reiches empfindlich einschränkte. Ironischerweise führte ein Staatsbankrott im Jahre 1875, der die Einrichtung der sogenannten „Dette Publique", also der Schuldenverwaltung des Osmanischen Reiches, welche die Interessen ausländischer Gläubiger durch Garantien auf Steuereinnahmen etc. sicherte, zu größerer Kreditwürdigkeit der Hohen Pforte.

29 Inalcik, Halil: A Social and Economical History of the Ottoman Empire, Cambridge University Press, Cambridge 1994, S. 766

Enge Verbündete: Abdülhamit II. und Wilhelm II. (Kollektion Autor)

Während in den industrialisierten Staaten die Einkommensgegensätze wuchsen, schrumpften die Volkswirtschaften von nicht entwickelten Staaten wie dem Osmanischen Reich. So sanken beispielsweise durch die wachsende Industrialisierung die Preise für Fertigprodukte. Auf der anderen Seite führten die Modernisierung der Landwirtschaft sowie die wachsenden Bevölkerungszahlen zu einem Anstieg der Preise von Agrargütern, was für einen Agrarstaat wie das Osmanische Reich prinzipiell vorteilhaft war, jedoch durch die mangelnden Verkehrsanbindungen kaum ausgenutzt werden konnte.[30] Ähnliche Entwicklungen inklusive ausländisch bestimmter Finanzkontrolle waren in vielen Staaten Südamerikas aber auch in Ägypten, Serbien oder Griechenland zu beobachten. Private und staatliche Anleger aus Großmächten wie Frankreich, Großbritannien

30 Inalcik: S. 772

oder zunehmend auch das Deutsche Reich hielten immerhin zwischen 80 und 90 % der Gesamtinvestitionen im Osmanischen Reich.[31] Auch war die Verbindung der Provinzen untereinander aufgrund fehlender Infrastruktur eher mangelhaft. So stellte sich die Herausforderung, neue Verkehrswege für den Gütertransport aus dem Landesinneren bzw. dorthin in Form von Eisenbahnen zu entwickeln, womit auch die Verlegung von Truppen bzw. der Personenverkehr erleichtert werden konnte.

Auch ausländische Mächte wie beispielsweise Großbritannien befürworteten prinzipiell die Entwicklung von Eisenbahnen, beschränkten ihre Unterstützung jedoch auf küstennahe Gebiete, aus welchen sie entweder Rohstoffe auf den Weltmarkt bringen wollten, bzw. ihre eigenen Produkte schnell ins Landesinnere zu schaffen gedachten. Problematisch für das Osmanische Reich war jedoch der chronische Mangel an Kapital sowie technischem Fachwissen, so dass man auf ausländische Unterstützung angewiesen war. Noch während des Krimkrieges (1853-1856) gab das Finanzministerium des Osmanischen Reiches Zeitungsannoncen in den führenden Blättern Europas auf, um ausländische Kapitalanleger für den Bau von Eisenbahnen zu gewinnen: zunächst jedoch ohne Erfolg. Ausländische Anleger reagierten misstrauisch auf die Situation der türkischen Staatsfinanzen, wobei politische Krisen aber auch Fehlinvestitionen zunehmend zu einem wachsenden Schuldenberg beitrugen.

Eine der ersten Eisenbahnlinien im Osmanischen Reich war eine im Jahre 1866 zwischen der Hafenstadt Izmir und der Agrarstadt Aydin in Betrieb genommene 130 km lange Eisenbahnlinie, die von einer britischen Handelsgesellschaft zwecks des Exports von Tabak gebaut worden war. Einer der Gründe für die oftmals eher vorsichtige Haltung der türkischen Behörden gegenüber ausländischen Kapitalgebern lässt sich bereits am Beispiel dieser Bahnlinie belegen: die Konzessionäre verschleppten den Bau, der sich von 1856/1858 an über Jahre hinziehen sollte.[32] Auch die im Jahre 1860 zwischen Konstanza im heutigen Rumänien und Varna persönlich von Ver-

31 Inalcik: S. 774

32 BOA A.AMD .No.335/11,20 Z 1275 A.H.

kehrsminister Ethem Pasa eröffnete Eisenbahnlinie (die als erste fertiggestellte Eisenbahnlinie im Osmanischen Reich zu betrachten ist) war vollständig mit fremdem Kapital seitens einer ausländischen Handelsgesellschaft erbaut worden und diente somit weniger türkischen als ausländischen Handelsinteressen.[33] Dennoch muss konstatiert werden, dass Mangel an Eigenkapital und technisch versierten Fachkräften die Beteiligung ausländischer Konsortien letztlich unabdingbar machten.

Priorität genoss die Anbindung der Hauptstadt Istanbul an das europäische Verkehrsnetz, so dass zunächst der Bau von Eisenbahnen in den Balkanprovinzen des Reiches Hauptanliegen war. Dennoch wurde auch Anatolien nicht gänzlich vernachlässigt: schon ab Ende der 1860er Jahre plante man Zentralanatolien mit den arabischen Provinzen und Städten wie Bagdad als wichtigem wirtschaftlichen Zentrum durch Schienen zu verbinden. So wurden schon unter der Regierung von Kaiser Abdülaziz im Jahre 1865 Pläne für den Bau einer Bahnlinie zwischen Istanbul und Bagdad ausgearbeitet. [34] Besonders wichtig für die Entwicklung der Region Bagdad war die relativ kurze aber fruchtbare Amtsperiode des späteren Premierministers und „Vaters" der ersten Verfassung im Osmanischen Reich, Mithat Pascha als Gouverneur von Bagdad, der sich bis zu seiner Versetzung nach Edirne im Jahre 1872 um die Region verdient machen sollte.[35] Neben verschiedenen Entwicklungsprojekten setzte sich Mithat Pascha auch für die Anbindung Bagdads an die Hauptstadt Istanbul ein. Mithats Interesse, ja geradezu Enthusiasmus für den Bahnbau, welchen er auch in seiner Amtsperiode als Premierminister beibehielt, wurde auch in der Einführung der ersten durch Pferde gezogenen Straßenbahnlinie in Bagdad (Bagdad-Kasimiyye) im Jahre 1871 deutlich. Zum besseren Verständnis der Bedeutung dieses Vorhabens sollte erwähnt werden, dass erst im selben Jahr mit dem Bau der ersten Untergrundbahn (Tünel) in der Hauptstadt Istanbul begonnen wurde, die im Jahre 1875 eröffnet wurde. Alle Beteiligten, darunter der Baumeister Henri Gavand

---

33 BOA I. DH No. 462/30750 ,2 Ra. 1277 A.H.

34 BOA A.AMD .No.335/11, 20 M. 1282 A.H.

35 BOA I.DH. 654/45479, 20 Ca 1289 A.H.

sowie auch die Betreibergesellschaft, wurden mit Medaillen geehrt, woraus die Bedeutung des Projektes unschwer zu erkennen ist.[36]

Wenn auch das Unternehmen Bagdadbahn nicht in jenem Ausmaß verwirklicht werden konnte wie ursprünglich geplant, wurde doch zumindest 1872/73 der Bau einer Strecke zwischen Istanbul und der Industriestadt Izmit, nahe bei Istanbul, in Angriff genommen. Zunächst konnten die Gleise jedoch lediglich bis zur Stadt Adapazari verlegt werden. Weiterhin wurde die Errichtung eines Bahnhofsgebäudes sowie einer Schiffsanlegestelle ins Auge gefasst.[37] Der Bahnhof im kleinen Ort Haydarpascha (der spätere Kopfbahnhof der Anatolischen und Bagdadbahnen) wurde letztendlich auch nur mit einem Gebäude bescheidenen Ausmaßes in Betrieb genommen. Im Juni 1873 schließlich wurde der Bahnhof im Rahmen einer offiziellen Feier mit großem Protokoll der Öffentlichkeit übergeben.[38] Der Grundstein für die staatliche Förderung von Eisenbahnbauprojekten war somit gelegt. Die Bevölkerung Istanbuls jedoch hatte nun erstmals Gelegenheit, die schnaubenden Lokomotiven, diese Wunderwerke moderner Technik, mit Staunen und Bewunderung zu betrachten, wenn sie sich am Wochenende zur Erholung in die Orte und Vororte auf dem asiatischen Ufer gegenüber von Istanbul begab.

Der Grund für die versuchsweise Übernahme staatlicher Kontrolle bei Eisenbahnbauten anstelle der Vergabe an ausländische Konzessionsträger hatte handfeste Gründe. [39] Die 1868 an den berühmten deutschen „Eisenbahnbaron" Hirsch vergebene Konzession zum Bau der Bahnverbindung Budapest-Konstantinopel, der so genannten Balkanbahn, wurde in zeitlicher Hinsicht nicht eingehalten. Erneute Konzessionsvergaben an Hirsch im Jahre 1872 für eine Eisenbahnstrecke in der Europäischen Türkei, finanziert durch Aktien und Anleihen, trugen trotzdem nur geringfügig zu einer Beschleu-

36 BOA I. DH. No. 696/48668, 26. Z. 1291 A.H.

37 BOA I. DH., No. 43/1756, 7 M. 1289 A.H.

38 BOA A.MKT.MHM. 454/7, 13 Ra. 1290 A.H.

39 Sievers, Immo: Der europäische Einfluss auf die türkischen Bahnbauten bis 1914,Centaurus Verl., Pfaffenweiler 1991, S. 24

nigung der Bauarbeiten bei.[40] Erst 20 Jahre später, im Jahre 1888 konnte der Zugverkehr bis nach Konstantinopel aufgenommen werden. Die Bedeutung, die der direkte Anschluss Konstantinopels an das internationale Eisenbahnnetz trug, darf nicht unterschätzt werden. Güter konnten nun direkt auf der Schiene ohne den Umweg über Häfen an der Donau oder am Schwarzen Meer von und nach der Hauptstadt des Osmanischen Reiches expeditiert werden. Reisende hatten die Möglichkeit, komfortabel von Paris, Berlin oder Budapest aus in wenigen Tagen in die märchenhafte Stadt am Bosporus zu gelangen - der neu erbaute Kopfbahnhof Sirkeci bildete den Endpunkt des legendären Orientexpress. Schon wenige Jahre nach der Fertigstellung der Bahnlinie setzte eine frühe Form des Massentourismus ein. Mit dem Baedeker Reiseführer bewaffnet, konnte sich der europäische Tourist des späten 19. Jahrhunderts direkt vom Bahnhof aus in standesgemäß eingerichtete Hotels begeben - je nach Geldbeutel verschwenderisch luxuriös oder gediegen. Die Reise nach Konstantinopel jedoch hatte alles abenteuerliche verloren: die Zeiten in denen Reisende noch in den 1850er Jahren mit dem Pferd oder Maulesel durch die Schluchten des Balkans Richtung Konstantinopel zogen, immer der Gefahr ausgesetzt, von Banditen überfallen zu werden, war endgültig dahin.

Die Eisenbahn jedoch brachte finanziellen Profit und besseren Anschluss an den Weltmarkt, Grund genug, auch Pläne für den Ausbau des Streckennetzes in der asiatischen Türkei ins Auge zu fassen. Das Hauptproblem in Form von leeren Staatskassen war jedoch nach wie vor existent. Wie bereits angedeutet, beschleunigte der Staatsbankrott im Jahre 1875 und die sich anschließende internationale Finanzüberwachung langfristig die Anlagefreudigkeit ausländischer Investoren nicht zuletzt auch im Bereich des Eisenbahnbaus im Osmanischen Reich.[41] Obwohl dies einen Verlust eines wesentlichen Teils der nationalen Souveränität darstellte, wurden die Staatsfinanzen dennoch teilweise konsolidiert und die Kreditwürdigkeit des Staates wuchs. Ausländische Investoren wurden nunmehr er-

---

40 BOA Y. EE. 31/35, 4. R.1289 A.H.

41 Hershlag, Z.Y.: Introduction to the Modern Economic History of the Middle East, Brill Publ, Leiden 1997, S. 51

mutigt, sich um Konzessionen für den Bau von Eisenbahnen zu bewerben, von denen zwischen den Jahren 1888 und 1893 insgesamt 16 an ausländische Konsortien vergeben werden sollten. [42] Infolgedessen wurden in allen Teilen des Reiches und besonders auch in Anatolien einige relativ kurze, jedoch gewinnbringende Eisenbahnstrecken erbaut. Neben den wirtschaftlichen Effekten setzte der Bau von Bahnen ein sichtbares Zeichen für den Einzug von Technik und Moderne im osmanischen Reich. Dass hierfür auch lieb gewonnene Symbole der Spitzhacke zum Opfer fielen, belegt die Entschlossenheit der Planer aber auch der Staatsführung des Osmanischen Reiches. Wie schon 1873 Teile der historischen Palastmauer des Topkapi-Palastes mit dem Segen von Kaiser Abdülaziz einem Bahndamm weichen mussten, war der gleichzeitige Abriss von einigen geschichtsträchtigen Moscheen im Zentrum Istanbuls für den Neubau des provisorischen Stationsgebäudes bei Sirkeci unvermeidlich.[43] Dennoch wurde man hierfür architektonisch mit einem von Baumeister August Jachmund zwischen 1888-1890 gebauten repräsentativen Bahnhof im Stil des „europäischen Orientalismus“ mehr als reichlich entschädigt, der in seiner Funktion als Endbahnhof des Orient-Express angemessen prächtig angelegt war.[44] Der nächste Schritt nach dieser bedeutsamen Entwicklung im Bahnbau war nunmehr die Anbindung der Hauptstadt ans Binnenland und letztendlich an Bagdad. Kaiser Abdülhamit II. bemühte sich trotz ausländischer Konzessionen im Bahnbau um die Wahrung der Kontrolle über die Projekte: ein Mindestsatz an Anteilen bei Bahngesellschaften hatte möglichst in staatlicher Hand zu verbleiben. Gerade diese Entwicklung kam der deutschen Wirtschaft entgegen: das Deutschland entgegengebrachte Vertrauen zeigte sich in der positiven Haltung der türkischen Seite gegenüber deutschen Anlegern. Es ist weiterhin aufschlussreich, dass zwischen den Jahren 1888 und 1914 der Anteil deutscher Investitionen im Osmanischen Reich von 2% auf 22% anstieg, während derjenige britischer Investitionen von 50% auf 15 % sank. In diesem Zusammenhang fielen die Exporte aus dem Osmanischen Reich nach dem Jahre 1870 drastisch, was unter

---

[42] Ortayli: S. 132

[43] BOA A.MKT.MHM, No. 456/38, 12 R. 1290 A.H.

[44] BOA I.DH. No. 1177/92025, 14.N. 1307 A.H.

anderem auch auf Gebietsverluste, hauptsächlich jedoch auf die Schwächung des Binnenmarktes gegenüber der ausländischen Konkurrenz zurückzuführen ist.[45] Auch das freundschaftliche Verhältnis Kaiser Wilhelms II. zu Abdülhamit II. trug zweifellos nicht wenig zur Förderung deutscher Investitionen gerade auch in der strategischen Frage des Eisenbahnbaus bei. So wurde im Jahre 1888 nach zähem Ringen ein deutsches Konsortium mit dem Bau der Anatolischen Eisenbahnen beauftragt. Federführend hierbei waren insbesondere Banken, die sich reichen Profit erhofften.[46] Diese Entwicklung alarmierte zwar die übrigen europäischen Mächte, wurde jedoch noch nicht als direkte politische Bedrohung der Interessen Englands, Frankreichs oder Russlands aufgefasst. Pionierarbeit leistete hierbei der Vorsitzende der Württembergischen Vereinsbank Kaulla. Zunächst wurde die Anbindung der vorhandenen Bahnlinie von Izmit an das zentralanatolische Ankara vollzogen. Einen besseren Eindruck von der Bedeutung dieses Projektes für die Erschließung des Landesinneren sowie den damals herrschenden Verhältnissen, verschaffen Sicherheitsvorkehrungen, die für den Konzessionär Kaulla getroffen werden mussten. Als dieser sich im Rahmen der Bauarbeiten im Mai 1893 persönlich nach Ankara begab, forderten die türkischen Behörden eine Militäreskorte von Gendarmen an, die sicherstellen sollte, dass der Zug auch in der Nacht fahren konnte, eine verständliche Maßnahme angesichts des damaligen Banditenunwesens.[47] Der Vergleich mit dem amerikanischen Wilden Westen ist nicht allzu unberechtigt: Banditenüberfälle auf abgelegene Bahnposten oder Bauabschnitte waren nicht allzu ungewöhnlich, und die angereisten Ingenieure trugen nicht selten Waffen zum Eigenschutz. Raubüberfälle auf deutsche und italienische Bahnarbeiter in ihren eigenen Häusern sind ebenso wie die Gegenmaßnahmen der Sicherheitskräfte dokumentiert.[48] Dennoch beeindruckte der zügige Fortgang der Bahnbauarbeiten die Auftraggeber in Berlin und Konstantinopel. Unter dem Eindruck des errungenen Erfolgs und vor allem der termingerechten Fertigstellung der Tras-

---

45 Inalcik: S. 776

46 BOA I.DH. 1075/84399, 22 S. 1305 A.H.

47 BOA Y.MTV.,No.78/101 12 Za 1310 A.H.

48 BOA DH.MKT. 2075/33, 11 M 1314 A.H.

sen wurde zur Fortsetzung der verkehrstechnischen Erschließung des Landes durch fortgesetzte Bemühungen die „Anatolische Eisenbahngesellschaft“ gegründet. Nach ihrer Fertigstellung bildete die Anatolische Eisenbahn mit der Bagdadbahn in Hinsicht auf Betriebsführung und personelle Besetzung im operativen Bereich eine geschlossene und reibungslos funktionierende Einheit. An der im Jahre 1893 etablierten „Societé de Chemin de fer Ottoman d'Anatolie“ waren neben Konzessionären wie der Siemens AG oder der Deutschen Bank auch britische Anleger beteiligt, die sich jedoch 1899 aus dem Geschäft zurückzogen, so dass die Anteile, zunächst zum Großteil in Besitz der Siemens AG, hauptsächlich auf dem deutschen Markt vertrieben wurden. Auch beteiligte sich die französisch finanzierte „Banque Ottomane“ am Projekt, wodurch auch französisches Kapital eingebunden war.[49]

Das Deutsche Reich war dennoch nunmehr nicht nur für die Entwicklung der osmanischen Streitkräfte, sondern auch für den Ausbau des inländischen Transportwesens unentbehrlich geworden. Wichtig ist zu bemerken, dass bereits die Anatolische Eisenbahn über das Prinzip der Kilometergarantie, (15000 Franken pro Kilometer) verfügte, um den Investoren in den ersten Betriebsjahren Einnahmen zu sichern. Gerade das Kilometergeld sorgte bereits im Vorfeld der Konzessionsverhandlungen zu erheblichen Missstimmungen auf türkischer Seite. So sprach sich Kriegsminister Şakir Pascha noch im Jahre 1892 vehement gegen die Erteilung der Konzessionsvergabe an Kaulla und sein Konsortium im Rahmen der Anatolischen Eisenbahnen aus.[50] Şakir befürwortete zwar prinzipiell den Bau einer Bahnverbindung nach Bagdad, diese sollte jedoch ausschließlich seitens des osmanischen Staates erbaut werden. Auch in diesem Falle verurteilte jedoch die angespannte Finanzlage wie auch der politische Wunsch Abdülhamit II. an eine größere Anlehnung an das Deutsche Reich dieses Projekt schon im Vorfeld zum Scheitern.

49 BOA Y.PRK.ESA. 16/78, 23.C.1310 A.H.

50 BOA Y.EE No. 140/13, 11 Ca 1310 A.H.

Postkarte Bahnhof Sirkeci, Endbahnhof des „Orientexpress" (Kollektion Autor)

5. Imperiale Rivalität und die Konzessionsfrage

Im Grunde war ein Überlandweg vom Mittelmeer bis nach Indien in historischer Sicht durch traditionelle Verkehrswege wie die Seidenstraße schon seit Jahrhunderten vorhanden. Bestimmte Interessengruppen in Großbritannien erstrebten jedoch seit dem Anfang der britischen Herrschaft auf dem indischen Subkontinent eine direkte Landverbindung vom Mittelmeer her. Wegweisend war in diesem Zusammenhang der britische Ingenieur Chesney, der bereits in den 1830 er Jahren einen Landweg über Syrien bis an den Euphrat eröffnen wollte, wobei auf dem Euphrat eine Dampfschiffverbindung etabliert werden sollte.[51]

Nach Abschluss des Baus der Anatolischen Eisenbahnen zeichnete sich ab, das nunmehr die Zeit reif zu sein schien, den lang ersehnten Traum in die Wirklichkeit umzusetzen: den Bau einer durchgehenden Bahnverbindung nach Bagdad. Bereits während der Konzessionsverhandlungen kritisierten Kreise innerhalb der Bürokratie des Osmanischen Reiches die Finanzierung eines derartigen Projektes mit ausländischem Kapital als zu kostenintensiv und vor allem die Forderungen der fremden Konzessionäre als zu hoch. Man argumentierte, dass nur durch einheimische Finanzierung der Streckenverlauf wirklich den eigenen wirtschaftlichen Interessen dienen würde, ohne dass ausländische Kapitalgeber willkürlich in die Planung eingreifen könnten. Zur Finanzierung schlug man vor, Zinseinkünfte der Landwirtschaftsbank zu verwenden.[52] Letztendlich sollten sich jedoch diese Einwände als illusorisches Wunschdenken erweisen: das Osmanische Reich war weiterhin auf Fremdkapital und importiertes Knowhow angewiesen.

Während die Konzessionsvergabe bisher eher den wirtschaftlichen Interessen der beteiligten Staaten gedient hatte, sollte nunmehr die politische und strategische Komponente die Oberhand gewinnen. Der Staat, dessen Firmen die Mehrheit der Konzession am Bau der

---

51 Sitki, Bekir (Baykal): Das Bagdad-Bahn Problem 1890-1903,R.Goldschagg, Freiburg im Breisgau 1935 , S. 16

52 BOA Y.PRK.TNF No. 2/58 , 30 Z. 1306 A.H.

Bagdadbahn erhielte, würde damit eine strategische Linie vom Herzen Europas bis hin zum Persischen Golf kontrollieren. Die Vorstellung, dass gerade das Deutsche Reich die Konzession erhalten würde, und somit das Osmanische Reich „wirtschaftlich durchdringen" könnte, war nicht nur für den Nachbarstaat Russland, sondern auch für England und Frankreich erschreckend. Die Errichtung einer von Berlin bis Bagdad reichenden Bahnlinie, mit deren Hilfe das Deutsche Reich Rohstoffe importieren, Fertigwaren aber gewinnbringend exportieren könnte, weckte auch den Argwohn der übrigen Staaten. Trotz Versuchen, die Bahnlinie durch Gewinnung von Anlegern aus verschiedenen Staaten zu internationalisieren, sollte das starke persönliche Engagement des deutschen Kaisers, der die Bagdadbahn als „deutsches" Projekt sehen wollte, für eine übermäßige Politisierung des ohnehin spannungsgeladenen Projekts sorgen, wofür jedoch nicht nur die deutsche Seite Verantwortung trug.[53] Für Russland hätte die Ausbreitung deutscher Interessen innerhalb des Osmanischen Reiches eine erhebliche Störung seines Wunsches der Kontrolle über der Meerengen bedeutet, da ein erstarktes Osmanisches Reich, selbst unter deutschem Einfluss, als ernst zu nehmender Gegner anzusehen war. Im Übrigen waren deutsche Erwägungen bekannt, die Bagdadbahn bis nach Kuwait bzw. Basra zu verlängern, so dass Deutschland - wenn auch indirekt - seinen Einflussbereich bis an den Persischen Golf erweitern hätte können.[54] Dies hätte wiederum zur Bedrohung des traditionell starken russischen Einflusses im benachbarten Persien führen können. Russland hatte jedoch das große Manko, allein wirtschaftlich nicht über die Mittel zu verfügen, in der Region in nennenswerter Weise ähnlich große Projekte finanzieren zu können. Auch militärisch war das zaristische Russland trotz des großen Potentials an Soldaten noch längst nicht in der Lage, mit den übrigen Großmächten mitzuhalten. Dies sollte sich besonders schmerzhaft im Jahre 1905 herausstellen, als Russland im Krieg gegen das sich modernisierende Japan bei Port Arthur und Tsushima eine demütigende Niederlage erlei-

---

53 Gutsche, Wilhelm: Monopole, Staat und Expansion vor 1914 ,Akademie Verlag, Berlin 1986, S. 150

54 Seidenzahl, Fritz: 100 Jahre Deutsche Bank 1870-1970, Deutsche Bank, Frankfurt 1979 S. 77

den sollte. Russland konnte lediglich versuchen, die eigenen Interessen auf diplomatischem Wege unter Ausnutzung unterschiedlicher Interessen der übrigen Staaten zu erreichen.[55] Im Grunde kann konstatiert werden, dass Russland im Falle der Bagdadbahn im Gegensatz zu Großbritannien keine wirtschaftlichen Interessen verfolgte, sondern sich völlig auf geopolitische und strategische Aspekte konzentrierte.

England hingegen war von der Vorstellung beunruhigt, womöglich mit einer deutschen Flottenbasis am Persischen Golf konfrontiert zu werden. Somit wäre einerseits das Deutsche Reich über den Persischen Golf zu einer potentiellen Bedrohung für den britischen Seeweg nach Indien avanciert. Auch deutsche Einflussnahme auf den Rohstoffhandel mit Britisch-Indien war nicht gerade geeignet, britische Befürchtungen zu zerstreuen.[56] Andererseits hätte eine wirtschaftliche Präsenz Deutschlands am Persischen Golf die hegemoniale Stellung des britischen Empire in der Region Mesopotamien und Persien empfindlich bedroht. Gerade Großbritannien hatte jedoch seit den 1860er Jahren über seine Konsulate in Bagdad und Basra, sowie die Niederlassungen der East India Company in Kuwait eine hegemoniale Rolle in der Region angestrebt. Während zunächst eher allgemeinwirtschaftliche Erwägungen, sowie die Sicherung des Seeweges nach Indien, der „Perle des Britischen Empire" ausschlaggebend waren, gesellte sich gegen Ende des 19. Jahrhunderts noch ein weiterer gewichtiger Faktor hinzu: das Erdöl. Erdölvorkommen am Persischen Golf sowie in der Region um Kirkuk und Mossul im Norden des heutigen Irak waren englischen Kreisen schon länger bekannt gewesen, der Bau einer Eisenbahnlinie, die an jenen Ölquellen vorbeiführte, war mit der Kontrolle über die Ölvorkommen gleichbedeutend. Während Großbritannien bereits Ölvorkommen im Süden Persiens über verschiedene Gesellschaften ausbeutete, wäre ein deutscher Rivale, vor allem im umstrittenen Grenzgebiet des Schatt- el Arab höchst unwillkommen und gefährlich zugleich gewesen, so dass man mittels diplomati-

55 Politisches Archiv des Auswärtigen Amtes (PAA) , Türkei No. 152,Bd. 28/29"Eisenbahnen in der asiatischen Türkei"„ R 13473, A 9412, 17. Juni 1902

56 Gutsche: S. 153

scher Intrigen im Vilayet Basra durch Aufwiegelung der einheimischen Bevölkerung den Bahnbau zu verhindern suchte.[57]

Frankreich hingegen wurde weniger von direkten strategischen Erwägungen in der Region als vor der Furcht eines quasi als Schutzmacht agierenden und die französischen Wirtschaftsinteressen in der Region zu bedrohenden Deutschen Reiches beunruhigt. Somit bedeutete die Konzession des Baus der Bagdadbahn die faktische Kontrolle über einen Großteil der Ölreserven der Region- das erste Beispiel eines imperialen Wettstreits um Rohölvorkommen in größerem Ausmaß.[58] Neben britischen, deutschen und französischen Investoren stellten auch amerikanische Eisenbahnspekulanten Anträge auf die Vergabe von Konzessionen.[59] Während Russland aus strategischen Gründen vor allem den Verlauf der Bahnlinie nahe der Küsten des Schwarzen Meeres zu verhindern suchte, favorisierten die Engländer die Anbindung an zumeist mit Hilfe von englischen Konzessionären erbaute Bahnlinien im Westen Anatoliens. Die französische Politik wiederum war geprägt von der Verteidigung französischer Kapitalinteressen und dem Versuch , die Übermacht deutscher Anleger bei Konzessionserteilungen zu verhindern.

Ein wesentliches Merkmal deutscher Politik während des frühen Streits um Konzessionen war die Zurückhaltung großer Unternehmen wie der Deutschen Bank oder der Siemens AG, andererseits jedoch maßgeblicher Unterstützung der Beteiligung deutscher Firmen durch Berliner Regierungsstellen. Andererseits versuchte die deutsche Regierung im gleichen Zug die Befürchtungen Englands, Frankreichs und Russlands, bei der Bahnlinie Istanbul-Bagdad handle es sich um ein Projekt deutscher imperialer Interessen, zu zerstreuen. So versuchte man, französische sowie britische Anleger am Projekt als Aktionäre zu beteiligen, um den Eindruck eines gemeinsamen, lediglich auf Profit sowie die wirtschaftliche Erschlie-

---

57 PAA Türkei No. 152, R 13473, A 10172, 1. Juli 1902

58 Eichholtz, Dietrich: Die Bagdadbahn, Mesopotamien und die deutsche Ölpolitik bis 1918. Aufhaltsamer Uebergang ins Erdölzeitalter. Leipziger Universitätsverlag,Leipzig 2007, S. 42

59 BOA,A.MKT.MHM No. 498/79, 10 Ca 1306 A.H.

ßung der Region ausgerichteten Projektes zu erzeugen. Dieses Vorgehen sollte nicht unbedingt als rein diplomatischer Schachzug angesehen werden. Es war der deutschen Seite durchaus daran gelegen, das Bahnbauprojekt in gewissem Maß zu internationalen Anlegern zu öffnen, sofern der deutschen Seite dadurch nicht zu viel Einfluss entgehen würde. Letztendlich erwies sich jedoch, dass französische Anleger eher die Beteiligung bei Bahnbauprojekten im Raum des heutigen Syrien/Libanon als traditionellem französischem Einflussgebiet favorisierten.[60] Die hitzig diskutierte Beteiligung britischer Konzessionäre am Bahnbauprojekt, sollte für lange Jahre zu heftigen politischen Diskussionen führen. Letzten Endes stellte sich jedoch die britische Regierung gegen eine Beteiligung, da man eine Übervorteilung seitens Berlins fürchtete. Das Osmanische Reich bemühte sich zwar um einen Ausgleich zwischen den Mächten, bevorzugte aber zusehends das Deutsche Reich. In technischer Hinsicht waren die Verhandlungen um die Konzessionsfrage für die Eisenbahn von Überlegungen geprägt, wie Bagdad am effektivsten an das Bahnnetz angebunden werden könnte. Während die türkische Seite und insbesondere Abdülhamit II. auf die rasche Anbindung Bagdads an das Bahnnetz drängte, waren deutsche Finanzkreise, auch die Deutsche Bank und insbesondere Georg von Siemens diesem Ansinnen gegenüber zunächst eher skeptisch eingestellt, da die technische Realisierung äußerst aufwendig gewesen wäre. Nach Studienexpeditionen für die Erwägung einer möglichen Bahnstrecke ab Ankara in den Jahren 1892 und 1893 unter Dr. Kaulla entschied man sich letztendlich für den allmählichen Ausbau der Strecke in Etappen, jedoch noch ohne endgültige Planung. Zunächst wurde Kaulla die Konzession für den Ausbau der Eisenbahnstrecke von Ankara über die Ostanatolische Stadt Sivas nach Bagdad zugesichert und technische Vorsondierungen angeregt, wobei dieser Plan jedoch bald wieder verworfen wurde.[61] Kaulla blieb vehementer Verfechter einer Anbindung Bagdads an das Schienennetz. Da die Rentabilität jedoch hiermit noch nicht sichergestellt war, sollte der Endpunkt des Bahnprojektes der Persische Golf sein. Die Zurückhaltung deutscher Finanzkreise wurde jedoch

---

60 PAA, Türkei No. 152, R 13473, A 10978, 18. Juli 1902

61 BOA ,Y.PRK. BSK. No. 23/85, 25 S. 1309 A.H.

seitens der deutschen Diplomatie mit Besorgnis aufgefasst: mangelndes Engagement hätte zur Konzessionsvergabe an ein nichtdeutsches Konsortium führen können Aufgrund dieser Entwicklungen befürwortete die Deutsche Bank die Erweiterung der Strecke der Anatolischen Eisenbahnen bis nach Konya, was aufgrund der entwickelten und ertragreichen Landwirtschaft in der Region auch finanziell als attraktiv erschien. Im Endeffekt existierten in den Jahren 1892/1893 somit drei Projekte für eine Bahnlinie nach Bagdad, die jeweils von den Staaten, denen die potentiellen Anleger angehörten, unterstützt wurde.[62] Die besten Voraussetzungen schien das von Kaulla vertretene deutsche Projekt zu haben. Als einziger Nachteil erwies sich das recht zögerliche Vorgehen hinsichtlich der konkreten Bahnanbindung an Bagdad, was schließlich das Hauptanliegen für die türkischen Auftraggeber war. Frankreich befürwortete ein vom belgischen Ingenieur Nagelmacker geplantes Projekt, das jedoch lediglich die Anbindung Konyas über Ankara und Eskisehir vorsah.[63] Ein britisches Konkurrenzprojekt unter Leitung des Ingenieurs Stanforth hatte zwar die Anbindung Bagdads an das türkische Eisenbahnnetz zum Ziel, befürwortete als Ausgangspunkt jedoch die Stadt Eregli (Heraklea) am Schwarzen Meer, welche über wichtige Kohlevorkommen verfügte, ein wichtiger Faktor für die Versorgung der Bahn mit Kohle. Die weitere Streckenführung sollte über die Stadt Ankara bis nach Bagdad und den Persischen Golf führen.[64] Hauptmotivation für dieses Projekt waren neben strategischen Interessen, welche die Verbindung einer Bahnlinie an den Persischen Golf durch britische Unternehmen als bedeutend für die Kontrolle des Seeweges nach Indien ansah, die Investitionen britischer Anleger in den Kohleminen des Schwarzen Meeres.

---

62 BOA, Y.PRK.TNF No. 3/42, 5 R. 1310 A.H.

63 BOA BEO 183/13664, 25 Ra. 1310 A.H.

64 BOA, Y.PRK.TKM No. 24/6, 2 R. 1309 A.H.

Dr. Alfred Kaulla: Vorstandsvorsitzender der Württembergischen Vereinsbank (Quelle: Archiv Mercedes-Benz)

Letztendlich führte keiner der Vorschläge zu einer endgültigen Einigung, was nicht nur auf die für die osmanische Seite ungünstigen Streckenführung, sondern auch politischen Druck der Großmächte aufeinander zurückzuführen ist. Projekte der osmanischen Regierung, die geplante Bahnlinie nicht durch Auslandskapital, sondern durch Gründung einer lokalen Aktiengesellschaft zu finanzieren, scheiterten in Ermangelung ausreichender finanzieller Mittel.[65] Langwierige Konzessionsverhandlungen führten zunächst zu keinen Ergebnissen: doch das Projekt „Anatolische Eisenbahnen" unter Federführung deutscher Konzessionäre sollte aufgrund der zufriedenstellenden Ergebnisse die Weichen für die Vergabe der Konzession der Bagdadbahn an ein deutsches Konsortium stellen.[66] Personalfragen waren bei der für Berlin letztendlich positiven Konzessionsvergabe ausschlaggebend: die Ernennung Freiherr Marschall von Bibersteins zum deutschen Botschafter, der sich auch persönlich für das Projekt einsetzte, war mehr als förderlich für die Realisierung des Projektes.[67] Unter den weiteren Hauptförderern des Projekts befanden sich die Firma Siemens sowie die Deutsche Bank, die anfänglich jedoch der Unternehmung eher distanziert gegenüberstanden. Überzeugungsarbeit leistete auch hier Kaulla, der erkannte, dass die Deutsche Bank als kapitalkräftiges Institut mit besten Beziehungen zu Regierungskreisen einen idealen Partner für dieses Großprojekt darstellte.[68] Kaulla wiederum wurde tatkräftig vom Deutschen Konsul in Konstantinopel unterstützt, der seinen Osmanischen Gesprächspartnern dessen Bonität und Seriositätglaubwürdig darzustellen wusste.[69] Auch die Orientreise Kaiser Wilhelms II. im Jahre 1898, in deren Verlauf er ebenfalls einen Ausflug mit der Anatolischen Eisenbahn unternahm, trug dazu bei, den sich oft durch impulsive Eindrücke leitenden und extrem türkenfreundlichen Hohenzollernherrscher wesentlich für das Projekt der Verlängerung der Bahnlinie nach Bagdad zu begeistern.

Auch ist erwähnenswert, dass der Unternehmer Georg von Siemens während der Anwesenheit des Kaisers persönlich nach Istanbul reiste, um aus der Präsenz seines Souveräns Kapital zu schlagen. Während eines Gesprächs mit Staatssekretär (dem späteren Reichs-

---

65 BOA, Y.EE. No. 140/10,4 Za. 1309 A.H.

66 Schöllgen,Gregor: Imperialismus und Gleichgewicht.Deutschland, England und die orientalische Frage 1871-1914, Oldenbourg Verlag, München 2000, S. 123

67 Bekir Sitki: S. 60

68 Seidenzahl: S. 73

69 BOA Y.PRK.ESA. 16/63 22 Ca 1310 A.H.

kanzler) von Bülow konnte lediglich erreicht werden, dass von Bülow versprach, sich für eine Beteiligung der Deutschen Bank einzusetzen. Von Siemens persönliches Engagement wurde auch seitens der osmanischen Behörden deutlich wahrgenommen: das Eintreten des Großindustriellen und Vorstandsmitgliedes der Deutschen Bank wurde als wesentlich für das Gelingen des Projektes erachtet. So ist die Verleihung des Osmanischen Nisan Ordens Erster Klasse an von Siemens noch im selben Jahre als deutliches Signal für das Interesse der türkischen Seite am schnellen Fortschritt des Bagdadbahnbauprojektes zu werten.[70] Weiterhin reiste von Siemens im Jahre 1900 nochmals selbst nach Konstantinopel, um die Verlängerung der Bahnlinie nach Bagdad und Basra höchstpersönlich voranzutreiben.[71] Von Siemens Beharrlichkeit zahlte sich schließlich aus: vor allem in Kaiser Wilhelm II. fand er einen tatkräftigen Förderer. Die romantische Begeisterung Kaiser Wilhelms II. für das Ausweiten des deutschen Einflusses im Orient, das Interesse Abdülhamits II. am Ausgleich französischen Übergewichts an Bahnkonzessionen im Reich, verbunden mit von Bülows Unterstützung,

---

70 BOA I.TAL No. 151/1316 Ca-072, 30 Ca 1316 A.H.

71 BOA BEO No. 1421/106505, 20 S. 1317 A.H.

Einzug Wilhelm II. in Jerusalem während seiner Orientreise 1898 (Quelle: Library of Congress)

Marschall von Biebersteins diplomatischer Überzeugungsarbeit und Kaullas Hartnäckigkeit gaben schließlich den Ausschlag. Problematisch blieb hingegen die Finanzierung, da die Deutsche Bank zunächst noch zögerte, größere Summen in das Projekt zu investieren. Doch die deutsche Regierung und insbesondere Kaiser Wilhelm II. schreckten nicht davor zurück, Druck auszuüben: so drohte der Kaiser der Deutschen Bank mit dem Entzug von Regierungsaufträgen, sofern diese sich weigern sollte, sich an der Bagdadbahn zu beteiligen. Das Deutsche Reich war nicht weniger darauf erpicht, seinen wirtschaftlichen Einfluss geltend zu machen als andere Staaten: doch erwartete man auch von Konzernen ihrer „patriotischen

Pflicht“ nachzukommen. Kaiser Abdülhamit II., ein Meister in der Kunst der internationalen Diplomatie, entschied sich nach langem Abwägen dafür, seinen Freunden in Berlin den Vorrang zu geben. Das Osmanische Reich war gezwungen, die schwankende Balance zwischen den Großmächten zum eigenen Vorteil auszunutzen, um die Existenz und das staatliche Fortbestehen zu sichern. Man konnte sich wohl Aufstandsbewegungen in den Randprovinzen des Reiches erwehren, doch im Falle einer Konfrontation mit einer der Großmächte war man auf das Wohlwollen der übrigen Staaten angewiesen, um nicht von der Landkarte getilgt zu werden. In realistischer Einschätzung der eigenen Lage war die Konzessionserteilung der Bagdadbahn nichts anderes als die Fortsetzung der bewährten konservativen Außenpolitik Abdülhamit II. Nach langem Ringen wurde endlich die Konzession zum Bau der Bahnlinie Istanbul- Bagdad, bzw. die Verlängerung von Ankara über Konya, das Taurusgebirge und den nördlichen Irak bis nach Bagdad im Jahre 1903 deutschen Firmen zugesprochen.[72] Die Vorkonzession mit der Firma Siemens war bereits im Jahre 1899 unterzeichnet worden, doch sollten die diplomatischen Spannungen die endgültige Ausführung des Projektes verzögern.[73]

72 BOA Y.EE. No. 1/23, 24 Za 1320 A.H.

73 Bekir Sitki: S. 95

Vorkämpfer für die Bagdadbahn: Georg von Siemens und Arthur von Gwinner (Quelle: Deutsches Historisches Museum)

Hierbei wurde ausführlich festgelegt auf welche Weise der Bau durchgeführt werden sollte, ebenso die Planung der Trassenverlaufs wie auch die finanziellen Garantien, welche die türkische Seite zu erbringen hatte.[74] Gerade der Trassenverlauf führte in den folgenden Jahren immer wieder zu Reibereien zwischen der Bagdad-Bahn Gesellschaft und osmanischen Behörden aber auch zu internationalen Spannungen. Die Erwartungen der türkischen Seite, deckten sich nicht immer mit den Plänen der an Ausbeutung von Rohstofflagerstätten bzw. möglichst kostengünstiger Trassenführung interessierten Bahngesellschaft. Für Konflikte sorgte auch die strategische

---

74 BOA,Y.E.E. No. 1/45, 10 S. 1316A.H.

Bedeutung der Bahnlinie. Um die Spannungen zwischen den Mächten zu verringern waren Kompromissvorschläge verschiedener Art gefunden worden. So versuchte das Osmanische Reich, Großbritannien sowie Frankreich mit der Vergabe von Bahnbaukonzessionen im Gebiet des südlichen Mittelmeeres (Syrien) für Frankreich sowie England mit der Vergabe von Konzessionen für die Verlängerung der Bahnlinie Izmir-Aydin-Denizli zu entschädigen. Russland wurde der Bau von Bahnlinien am Schwarzen Meer versprochen.[75] Versuche, die Kapitalanteile der Banque Ottomane, die mehrheitlich von französischen Anlegern gehalten wurden, zu erhöhen und somit einen Ausgleich zwischen deutschem und französischem Kapital zu erreichen, wurden noch im Jahre 1907 unternommen. Insbesondere plante man die Anbindung der Bagdadbahn an die französisch konzessionierte Bahnlinie in der Provinz Aleppo. Der Versuch scheiterte jedoch ebenso wie die zuvor geplante Anbindung der Hedschasbahnlinie, wofür die deutsche Seite britischen Druck verantwortlich machte.[76] Einer der wichtigsten Streitpunkte, nämlich die Verlängerung der Bahnlinie bis zum Golf von Basra, wurde ebenfalls mit einem Kompromiss gelöst: die Bahnlinie sollte zunächst noch nicht bis zum Persischen Golf führen, sondern in Bagdad enden. Gerade der Endpunkt Persischer Golf war aufgrund seiner strategischen Lage, dem Zugang zum Ozean einerseits, sowie der Nähe zu den persischen Ölquellen andererseits, immer ein Zankapfel zwischen Großbritannien und Deutschland gewesen. Zunächst war Kuwait als einziger Tiefwasserhafen als Endpunkt der Bagdadbahn favorisiert worden, da Basra zunächst noch nicht die entsprechenden Kapazitäten hatte. Großbritannien hatte seit den 1860er Jahren seinen dort im Rahmen der East India Company vorhandenen Einfluss mit Hilfe des britischen Konsulats auszuweiten versucht. Ziel war es, die eigene Stellung beim lokalen Emir al-Sabah zu vergrößern. Verwaltungs- und staatsrechtlich gehörte Kuwait eindeutig zum Osmanischen Reich und war ein Landkreis innerhalb des Vilayets Basra, dessen Gouverneur es nominell unterstand. In Kuwait existierten zwar ein osmanisches Postamt sowie

75 Schöllgen:. S. 148

76 PAA Türkei No. 152,Bd. 43/44"Eisenbahnen in der asiatischen Türkei", R 13489, A 18780, 13. Dezember 1907

eine Telegraphenstation: die Verwaltungsaufgaben waren von Istanbul jedoch bewusst den lokalen Eliten, d.h. der Familie der Al-Sabah überlassen worden. Der Emir funktionierte als Kaymakam (Landrat) und wurde vom Sultan bestätigt, war allerdings weitgehend frei in seinen Entscheidungen.[77] So entwickelte sich im Rahmen der Planung der Bagdadbahn zwischen Großbritannien und der Türkei eine regelrechte Rivalität um Kuwait, wobei Großbritannien im Jahre 1901 gar die Anlandung türkischer Truppen von Bord der osmanischen Fregatte „Zuhaf-i Hümayun" als Zeichen der Präsenz Istanbuls mit Hilfe von Kriegsschiffen verhinderte.[78] Hintergrund für diese Aktion war der im Jahre 1899 zwischen Großbritannien und dem Emir geschlossene Protektoratsvertrag: Großbritannien garantierte dessen Stellung sowie gewisse „finanzielle Zuwendungen", wobei der Emir sich verpflichtete, außenpolitisch keine Verträge ohne Einwilligung Großbritanniens zu schließen, was natürlich eine klare Missachtung der osmanischen Souveränität darstellte.[79] Andererseits suchte der Emir seine Stellung durch kluges Taktieren zu sichern und Profit aus der Rivalität Istanbuls und Londons zu schlagen: so brachte er nach dem Vertragsabschluss über seiner Residenz das osmanische Wappen an und hisste demonstrativ die türkische Fahne. Auch stellte Emir Mubarak al-Sabah gegenüber den Briten bei verschiedenen Anlässen kategorisch fest, dass Kuwait nicht ihm, sondern dem Osmanischen Reich gehöre, und etwaige Maßnahmen jeder Art auf jeden Fall mit der Hohen Pforte koordiniert werden müssten.[80] Erst 1911 verzichtete man endgültig auf die Anbindung auch Kuwaits an das Streckennetz, wobei auch ältere britische Vorschläge, die Bahn doch innerhalb des britischen Einfußgebiets bei Kuwait enden zu lassen, endgültig zu den Akten gelegt wurden.[81] Man kann, wenn man will, die spätere Entstehung des Staates Kuwait als eine Folge der Bagdadbahn bezeichnen. Der Verzicht Deutschlands, die Bahn bis nach Kuwait bzw. Basra wei-

---

77 Rohrbach: S. 59

78 BOA Y.A. HUS. No. 419/55 ,19 Ca 1319 A.H.

79 PAA, Türkei No. 152, R 13473, A 10978, 18. Juli 1902

80 PAA, Türkei No. 152, R 13473, A 9686, 22. Juni 1902

81 BOA, HR.SYS., No.104/22, 10.3.1911 A.D.

terzuführen entschärfte zwar die politische Situation, konnte das Deutschland gegenüber entgegengebrachte Misstrauen jedoch nicht völlig beseitigen. So wurde auch noch nachdem die Bahn bereits in der Bauphase war, die Beteiligung britischen Kapitals bei der Bagdad-Bahn Gesellschaft im Unterhaus diskutiert, wobei allerdings auch keine durchschlagenden Veränderungen mehr erreicht werden konnten.[82]

82 BOA, HR.SYS, No. 110/8, 12.4.1911 A.D.

Sonderbriefmarkenblock Sierra Leone mit Darstellung zeitgenössischer Eisenbahnwagen (Kollektion Autor)

Sonderbriefmarken Bulgarien, ausgegeben anlässlich des 120. Jahrestags des Orientexpress (1888-2008) (Kollektion Autor)

6. Kurze Betriebs- und Baugeschichte der Bagdadbahn

Der Bau der Bahnlinie und besonders die Baugeschwindigkeit waren weniger durch die schwierige Beschaffenheit des Terrains als durch die politische Großwetterlage bestimmt. Wenn auch die erschöpfende Darstellung der technischen Details dieser wahrhaften Meisterleistung an Ingenieurskunst im Rahmen dieser Abhandlung unmöglich erscheint, sollen zumindest die Grundzüge des Projektes und seiner Bauphasen aufgezeigt werden. Einen Eindruck kann man gewinnen, sofern man allein die Bedingungen für den Durchstich von Tunneln im Taurusgebirge berücksichtigt. Dort führt die an ihrem höchsten Punkt erreichende Bahnlinie insgesamt 64 Kilometer durch unerschlossenes Gebirgsland, wobei am höchsten Punkt 1478 m über dem Meeresspiegel erreicht werden. Insgesamt sind nur im Taurusgebirge 44 Tunnel gebaut worden. Der erste Streckenabschnitt in Länge von 200km führte von Konya über Eregli nach Bulgurlu und stand unter Leitung des Geheimen Baurats Makkensen. Die Teilstrecke wurde seitens einer Tochtergesellschaft der Bagdad-Bahn Gesellschaft, der „Gesellschaft für den Bau der Eisenbahn Konya-Eregli Bulgurlu GmbH“ gebaut, nachdem die Genehmigung seitens der osmanischen Regierung erteilt worden war.[83] Nachdem der Abschnitt von Konya bis nach Bulgurlu innerhalb eines Jahres fertiggestellt worden war, sorgten die Marokkokrise von 1905, der Streit um die deutsch-britische Flottenaufrüstung, sowie die Bosnische Annektionskrise von 1908 für Stagnation, so dass erst ab dem Jahre 1909 wieder in schnellerem Tempo gebaut werden konnte. Weitergeführt wurde die Strecke von Bulgurlu nach Adana, die dem Cakit-Fluss folgend, das Taurus Gebirge erreichte. Die Anteile der Baugesellschaft Konya-Eregli wurden nach Abschluss des Projektes persönlich für die Privatkasse des Sultans erworben.[84] Nach Klärung der endgültigen Streckenführung wurde beschlossen, zur Beschleunigung drei Bautrupps mit verschiedenen Ausgangsstellen zur Fertigstellung der jeweiligen Teilstrecken zu etablieren. So entschied man, die erste Teilstrecke von Bulgurlu, die

83 BOA Y.EE. No. 1/13, 6 L. 1319 A.H.

84 BOA Y.PRK.TNF No. 7/57 ,10 M 1321 A.H.

zweite von Adana und die dritte von Aleppo aus parallel in Angriff zu nehmen. Die erste Bauabteilung unter Leitung von Bauingenieur Mavrocordato sah sich vor die Herausforderung gestellt, das Taurusgebirge komplett durchqueren zu müssen, was bedeutete, dass sowohl Brücken- als auch Tunnelprojekte unumgänglich waren.[85] Die Bahnlinie war zunächst eingleisig für Züge von einer Betriebsgeschwindigkeit von bis zu 75 km/h konzipiert und wurde unabhängig voneinander in vier verschiedenen Teilstücken gebaut. Die Strecke von Konya bis zum Taurusgebirge wurde bis zum Jahre 1914 weitgehend fertig gestellt. Hierbei ist insbesondere die Leistung des Ingenieurs Meissner beim Bau der Teilstrecke Aleppo-Djerablus- Bagdad bemerkenswert. Im Juli 1912 wurde feierlich der Baubeginn der Teilstrecke ab Bagdad in Angriff genommen, der am rechten Tigrisufer bis nach Samarra führte.[86] Die Gebirgstunnel bis nach Nusaybin wurden erst im Jahre 1918 kurz vor Kriegsende fertig gestellt. 1914 wies die Bagdadbahn, die ab der Stadt Konya seit dem Jahre 1903 neu gebaut worden war, eine Gesamtlänge von 669 km auf, zusammen mit den Anatolischen Eisenbahnen betrug die Streckenlänge ab Istanbul bereits 1700 km.[87] Nach endgültiger Fertigstellung im Jahre 1940 betrug die Streckenlänge 2500 km. Im Jahre 1908 waren somit bereits 1/3 der konzessionierten Strecke bis zum Taurusgebirge fertig gestellt worden: die Strecke war bis zur Station Tel Halif betriebsbereit, wobei jedoch die schon erwähnten Taurustunnel lückenhaft blieben. 1911 wurde schließlich der Streckenabschnitt Bulgurlu-Ulukisla fertig gestellt, im darauf folgenden Jahr der Streckenabschnitt Racu-Aleppo-Cerablus. Eine Abzweigung zum wichtigen Hafen Iskenderun über Toprakkale wurde im November 1913 dem Verkehr übergeben. Hierbei wird ersichtlich, dass man bemüht war, auch kleine Bauabschnitte so schnell und effektiv wie möglich dem Verkehr zu übergeben.

---

[85] Heigl, Peter: Schotter für die Wüste. Die Bagdadbahn und ihre deutschen Bauingenieure. Druckhaus Oberpfalz, Amberg 2004, S. 49

[86] Pönicke,Herbert: Die Hedschas- und Bagdadbahn. Beiträge zur Technikgeschichte, BDI,Düsseldorf 1958 S. 26

[87] Hüber: S. 49

Weder der türkisch-italienische Krieg um Tripolitanien und die Cyreneika im Jahre 1911/1912, noch der Balkankrieg in den Jahren 1912/1913 ließen den Bahnbau ins Stocken geraten: hier bewährte sich die Finanzierung mit Staatsanleihen. Auch der Bau des Streckenabschnittes ab Bagdad kam zügig voran: so war im Juni 1914 die Strecke von Bagdad mit neu eröffnetem Hauptbahnhof bis nach Sumeidscha dem Personen- und Frachtverkehr übergeben worden.[88]

Konya 1904: Empfang des deutschen Botschafters Marschall von Bieberstein am Bahnhof von Konya (Quelle: Bundesarchiv)

[88] Hüber: S. 114

Im Dezember 1914, kurz nach Kriegseintritt der Türkei in den Weltkrieg, gelang der erste Durchstich eines Tunnels durch das Taurusgebirge bei Belemedik. Im April 1915, also schon nach Einsetzen der Kampfhandlungen zwischen osmanischen Verbänden und dem Britisch-Indischen Expeditionskorps im südlichen Irak, wurde die erste große Eisenbahnbrücke über den Euphrat eingeweiht. Im Juni 1915 wurde der 5km lange Tunnel bei Bahce fertiggestellt, am 15.11. 1916 schließlich wurde der letzte Taurustunnel durchschlagen und die Strecke Ras-al Ain-Derbesiye dem Verkehr übergeben. Während der Schmalspurverkehr durch den Taurus im Januar 1917 aufgenommen wurde, konnte der Vollbahnbetrieb im Juli 1917 zwischen Mamure und Islahiye sowie Derbesiye und Nusaybin eröffnet werden. Kurz vor Ende des Krieges schließlich im Oktober 1918 konnte der erste Zug südlich des Taurus durchgehend bis nach Istanbul seine Reise antreten. Ironischerweise jedoch waren die Passagiere hauptsächlich die Familienangehörigen der beim Bahnbau tätigen deutschen Ingenieure die sich unter dem Eindruck der sich abzeichnenden Niederlage endgültig zurück in die Heimat begeben mussten.

Baumaterial für eine Behelfsbrücke über den Euphrat um 1910 (Quelle: Library of Congress)

Bahnhofsgebäude Haydarpascha (oben) und Sirkeci (unten) auf Gedenkbriefmarken der Türkischen Post, ausgegeben 2008 (Kollektion Autor)

7. Die Bagdadbahn und die deutsche Wirtschaft

Im Allgemeinen war Kleinasien auch ohne Hinblick auf Ölvorkommen im nördlichen Mesopotamien ein verlockendes Pflaster für Investitionen. So sind die Kromvorkommen in der westlichen Türkei bis zur Steigerung der Förderung in Rhodesien ab ca. 1900 mit die reichsten der Welt gewesen.[89] Doch auch Antimon, Zink und Blei (besonders in der Region Konya) waren Grund genug, wirtschaftlich aktiv zu werden. Im Grunde kann konstatiert werden, dass nicht nur die Bagdadbahn, sondern fast alle ausländischen Bahnprojekte vor dem Hintergrund der Ausbeutung von Rohstoffen entwickelt wurden. So waren die reichen Kohlevorkommen am Schwarzen Meer nicht umsonst das Ziel von Planspielen vor allem britischer und französischer Bahnbaugesellschaften. Doch auch die Möglichkeit durch Bewässerung der fruchtbaren Böden Zentral- und Ostanatoliens, Profit aus der Landwirtschaft zu schlagen, war eine in der damaligen Epoche hoch anregende Vorstellung.[90]

Im Vorfeld der Konzessionsverhandlungen wurde deutlich, dass die Deutsche Bank sich zunächst zögerlich zeigte, am Projekt der Bagdadbahn mitzuwirken. Das Auswärtige Amt jedoch scheint sich - neben dem Druck Wilhelms II. - besonders nach der Orientreise des Kaisers intensiv mit der Deutschen Bank auseinandergesetzt haben und warb zunächst um Beteiligung am Bau des neuen Kopfbahnhofes der Anatolischen- und Bagdadbahn, Haydarpascha.[91] Hierbei wird das Interesse der deutschen Politik, durch wirtschaftliche Vereinbarungen Einfluss in der Türkei zu gewinnen deutlich, was dem Bagdadbahnprojekt schon im Vorfeld den Status eines Wirtschaftsprojekts mit politischem Touch verleiht.

---

89 Earle: S. 22

90 Rohrbach: S. 32

91 Bekir Sitki: S. 75

Hölzerne Behelfsbrücke mit einfahrender Lokomotive über den Euphrat (Quelle: Library of Congress)

Es darf jedoch nicht verkannt werden, dass auch die übrigen europäischen Mächte ähnliche Ziele verfolgten und ähnliche Taktiken anwandten. Somit sollte der Vorwurf, Deutschland habe eine imperialistische Politik betrieben, nur unter der Prämisse ausgesprochen werden, dass auch die übrigen Mächte ähnliche Ziele verfolgten.

Übrigens sollte die Konzession zum Bau des Hafens des Bahnhofs Haydarpascha letztendlich der Anatolischen Eisenbahngesellschaft zugesprochen werden, was von französischen Firmen, die die Konzession für den Kaibau erworben hatten, als Provokation und politische Niederlage aufgefasst wurde. Die türkische Seite war sich der französischen Enttäuschung bewusst, befand sich jedoch bereits unter dem Einfluss der sich anbahnenden engen wirtschaftlichen Verbindungen mit deutschen Firmen im Eisenbahnbereich.[92] So hatte man in den Vorjahren bereits Kredite von Seiten der Deutschen Bank über die Anatolische Eisenbahngesellschaft aufgenommen, wobei sich jedoch bei den Ratenzahlungen oft Engpässe auftaten.[93] Dies verschaffte wiederum der deutschen Seite Gelegenheit, ihren politischen Einfluss geltend zu machen. Ersichtlich ist auch hier, dass Wirtschaft und Politik eng verwoben waren und Wirtschaftsinteressen gleichzeitig auch als politische Interessen aufgefasst wurden.[94] Der Vertrag zwischen dem osmanischen Finanzministerium und deutschen Anlegern im Jahre 1903 führte am 13.04.1903 zunächst zur Gründung der „Bagdad-Bahn Gesellschaft" (Société Imperiale Ottomane du Chemine de fer de Bagdad), in welcher Anleger und Funktionäre, die schon in der Gesellschaft „Anatolische Eisenbahnen" wesentliche Posten bekleidet hatten, eine gewichtige Stellung inne hatten

92 BOA Y.PRK.ESA No. 32/27, 1 Za 1316 A.H.

93 BOA I.HUS. 97/1320 Ra047, 15 Ra 1320 A.H.

94 PAA, Türkei No. 152, R 13473, A 10133, 1. Juli 1902

Bahnhof Haydarpascha (Kollektion Autor)

Zum Vorsitzenden der Gesellschaft wurde Arthur von Gwinner ernannt. Für Wilhelm II. stellte die Konzessionsvergabe an ein deutsch geführtes Konsortium einen persönlichen Erfolg und eine Bestätigung seiner Orientpolitik dar. Wilhelm II. ließ es sich folgerichtig nicht nehmen, ein persönliches Glückwunschtelegramm in die Türkei zu richten, in welchem er seine Zufriedenheit über die Vergabe der Konzession zum Ausdruck brachte.[95] Am Aktienkapital der Gesellschaft von zunächst 15 Millionen Franken beteiligten sich die türkische Regierung sowie die Anatolische Eisenbahngesellschaft mit je 10%.[96] Der Rest wurde an internationale Anleger freigegeben, wobei deutsche Firmen zwar einen Großteil der Anteile hielten, im Aufsichtsrat jedoch auf eine paritätische Besetzung der Posten vor allem mit französischen Mitgliedern geachtet wurde. So hielt die Deutsche Bank zunächst einen Aktienanteil von 40 %, die Banque Ottomane 30%, die Anatolische Eisenbahngesellschaft 10% der Anteile. Weitere 7,5 % entfielen auf den Wiener Bankverein, den gleichen Anteil erhielt die Schweizerische Kreditanstalt. Die restlichen 5 % wurden von kleineren türkischen bzw. italienischen Banken im Verbund mit der Banca Commerciale Italiana gehalten. Im 11-köpfigen Aufsichtsrat waren drei Sitze für Mitglieder der unter deutscher Beteiligung stehenden Anatolischen Eisenbahngesellschaft reserviert worden, drei weitere Sitze hingegen der osmanischen Seite vorbehalten. Die Bauzeit wurde zunächst auf acht Jahre veranschlagt, die geplanten Kosten betrugen 450 Millionen Francs.[97] Die Bahngesellschaft verpflichtete sich weiterhin, nach Fertigstellung des Projekts mindestens einmal pro Woche einen Expresszug nach Damaskus, sowie zweimal pro Woche einen Expresszug nach Bagdad fahren zu lassen, wobei die Anzahl bei steigendem Bedarf selbstverständlich erhöht werden konnte. Da die osmanische Regierung nicht über genug Kapital verfügte, die Strecke zu finanzieren, wurde der Bagdad-Bahn Gesellschaft eine so genannte Kilometergarantie eingeräumt. Hierbei handelte es sich wie bereits im Falle der Anatolischen Eisenbahnen um eine Vereinbarung, die auf der Annahme beruhte, dass die Bahnstrecke anfangs aufgrund mangelnder

---

95 BOA Y.EE. No. 62/15, 6 R. 1319 A.H.

96 BOA, Y.E.E. No. 1/25, 1320 Za 24 A.H.

97 Seidenzahl: S. 78

Passagier- und Frachtzahlen nicht genug Gewinn einbringen würde, um die Investitionen kurzfristig zu rentieren. So stellte das osmanische Finanzministerium für jeden Kilometer der Strecke die Pauschalsumme von 4500 Franken in Aussicht, die der Gesellschaft zukommen würde, ungeachtet des tatsächlichen Gewinns, zeitweise waren sogar Beträge von bis zu 12000 Franken im Gespräch.[98] Sofern die Einnahmen diese Summe nicht erreichen sollten, war die türkische Seite verpflichtet, die Differenz zu zahlen. Sollten die Einnahmen jedoch diese Summe übersteigen, wären Beträge von bis zu 10000 Franken der Osmanischen Seite zuzuschreiben, bei Übersteigung auch dieser Summe sollten der Regierung 60%, der Bagdad-Bahn Gesellschaft jedoch 40 Prozent der Einnahmen zukommen. Das Kapital für den Streckenbau wurde seitens des türkischen Finanzministeriums durch Staatsanleihen mit Garantien aus Steuereinnahmen zur Verfügung gestellt, das Betriebskapital für den Unterhalt der Strecke wurde seitens der Bahngesellschaft gestellt, wobei die türkische Seite gegenüber der Gesellschaft jedoch die vorgenannte Kilometergarantie übernahm.[99] Die Osmanische Regierung sollte für jeden Kilometer Anleihen in Höhe von 275000 französischen Franken emittieren. Die Anleihen sollten mit jeweils 4% Zinsen emittiert werden, wobei für jeden Streckenabschnitt neue Anleihenpakete ausgegeben werden sollten.

Übrigens war die Bagdad-Bahn Gesellschaft in der Praxis sowohl Finanzier als auch Bauherr der Strecke, übernahm den Betrieb jedoch nicht selbst, sondern delegierte diesen an die Anatolische Eisenbahngesellschaft weiter, so dass eine einheitliche Betriebsführung mit getrennter Abrechnung von Istanbul bis nach Bagdad möglich war. Reibungspunkte waren aufgrund der Geschäftsform als Aktiengesellschaft gegeben, da etwaige Änderungen am Stammkapital von den allen beteiligten Parteien abgesegnet werden mussten. In dieser Hinsicht unternahm die deutsche Seite große Anstrengungen, eigene Interessen durchzusetzen und gegebenenfalls auch politische Rückendeckung aus Berlin zu suchen. So stieß eine im Jahre 1907 angestrebte Kapitalerhöhung auf starken Widerstand der

98 BOA Y.EE. 443/8, 1 Z. 1320 A.H.

99 Hüber: S. 45

osmanischen Hauptaktionäre, die prekärerweise im osmanischen Ministerrat stark vertreten waren.[100] Auf die Nachfrage, wie auf die Forderung der osmanischen Seite nach Überlassung von neu zu emittierenden Aktien unter Kurswert sowie einem höheren Gewinnanteil für die Anatolische Eisenbahngesellschaft zu reagieren sei, wurden seitens Direktor Gwinner einschlägige Anweisungen erteilt. Es sei unmöglich, den türkischen Großaktionären im Gegenzug für den Verzicht auf die Forderungen Aktien unter Kurswert zu emittieren, man sei jedoch bereit, Reingewinne der Deutschen Bank von über 2 ½ % an die Eisenbahngesellschaft abzuführen und die türkischen Aktionäre finanziell angemessen mit „Bakschisch" (d.h. Trinkgeld) abzufinden. Ob hiermit offene Bestechung oder lediglich eine nonkonforme Erhöhung der Dividenden vorliegt, sei dahingestellt. Die betreffenden Herren sind längst verstorben, und die Bahn wurde ohnehin weiter gebaut. Dennoch wirft dieses Vorgehen ein bezeichnendes Licht auf die damaligen Praktiken, jedoch auch die Entschiedenheit mit der die Bahnbaugesellschaft ihren Zielen nachging: im Zweifelsfalle war man durchaus bereit, Gesetze und Regelungen sehr eigen auszulegen. Fakt ist, dass das Auswärtige Amt das Bahnprojekt als für die deutsche Wirtschaft als so wichtig erachtete, dass die Koordination mit der Bahngesellschaft und den Finanziers wie der Deutschen Bank bis ins Detail abgestimmt wurde.[101] Letztendlich wurde die Kapitalerhöhung auf Initiative Kaiser Abdülhamit II., der persönlich einen größeren Anteil der neuen Aktien erwarb und somit mehr Legalität in das Projekt brachte, gesichert.[102] Für Kontroversen sorgte hingegen eine seitens der türkischen Regierung gewünschte Vorschusszahlung auf die Gewinne der Bagdad-Bahn Gesellschaft, die die Deutsche Bank prinzipiell nicht bereit war zu zahlen.[103] Unter Bedingung der Zusicherung des geplanten Baus der Bahnlinie entlang der geplanten Trasse mit Suspensivklausel auf Aleppo war die Bank jedoch ohne weiteres ge-

100 PAA Türkei No. 152,Bd. 43/44"Eisenbahnen in der asiatischen Türkei", R 13489, A 18600, 9. Dezember 1907

101 Kitchen, Martin: Political Economy of Germany, 1815-1914, Croom helm Publ., London 1978 S. 262

102 PAA Türkei No. 152, R 13489 A19251, 20 Dezember 1907

103 PAA Türkei No. 152, R 13489 A19061, 18 Dezember 1907

neigt, notfalls Zahlungen von bis zu 250000 Türkischen Pfund zu leisten.[104]Diese wurden seitens der Deutschen Bank in Höhe von 200000 Pfund ausgezahlt, ohne aber auf weitere Bedingungen einzugehen.[105] Besonders die Kilometergarantie ist in Literatur, Presse und Politik heftig und kontrovers diskutiert worden. Tatsache ist, dass die Bagdad-Bahn Gesellschaft relativ risikolos die einmal gebaute Bahnstrecke betreiben konnte, unabhängig von der Rentabilität. Dies kann als Übervorteilung ausgelegt werden, andererseits darf nicht vergessen werden, dass dies die einzige Möglichkeit für das Osmanische Reich war, ein Projekt dieser Größenordnung finanzieren zu können.

104 PAA Türkei No. 152, R 13489 A 9139 , 19 Dezember 1907

105 PAA Türkei No. 152, R 13489 A 19716,30 Dezember 1907

GOUVERNEMENT IMPERIAL OTTOMAN

Emprunt Impérial Ottoman 4% du Chemin de Fer de Bagdad

Titre de cinq obligations

Série 5202 N° 03

N° 104031 à 104035

Kaiserlich Ottomanische Anleihe 4% der Bagdadbahn

Titel von fünf Obligationen

Serie 5202 N° 03

104031 bis 104035

Imperial Ottoman Loan 4% of the Bagdad Railway

Certificate of five Bonds

Series 5202 N° 03

104031 to 104035

GOUVERNEMENT IMPERIAL OTTOMAN

Anleihe über 4 % der Bagdadbahn-Gesellschaft aus dem Jahre 1903 (Kollektion Autor)

Des Weiteren erhielt die Bahngesellschaft eine Vielzahl an Privilegien für die Konzession: So erhielt die Bagdad-Bahn Gesellschaft das schon in der Vorkonzesssion vorgesehene Recht, längs der projektierten Strecke nach Rohstoffen jeder Art inklusive Rohöl zu schürfen, was insbesondere wegen der Rohölvorkommen in den Provinzen Mossul und Basra von Bedeutung war. [106] Dies hatte jedoch in der Praxis unvorteilhafte Auswirkungen für die türkische Seite: so kam es vor, dass Streckenabschnitte mutwillig in die Länge gezogen oder verschachtelt wurden, um die Kilometergarantie voll auszunutzen. Andererseits schürften Ingenieure der Bahnbaugesellschaft schon während der Vorbereitungsphase nach Rohstoffen, um gegebenenfalls die Streckenführung zu ändern. Teilweise wurde dies von der osmanischen Seite geduldet, da auf diese Weise auch Rohstoffvorkommen erschlossen wurden, teilweise kam es zu Konflikten. Ökonomisch gesehen versprach die Bahn trotz gewisser Risiken für die deutsche Wirtschaft verlockende Perspektiven.[107] Auch waren die zu importierende Kohle, Lokomotiven, Ersatzteile usw. von Einfuhrzöllen befreit. Zudem konnte die Bahngesellschaft entlang der Strecke Ziegelfabriken oder andere ihrem Bedarf entsprechende Betriebe errichten. Die Schienen für die Bagdadbahn lieferte die Firma Krupp, während die Dampflokomotiven von den Firmen Borsig, Cail, Hanomag, Henschel und Maffei geliefert wurden.

Das Projekt Bagdadbahn ist ein klassisches Beispiel der Politik „wirtschaftlicher Durchdringung", mit Deutschland und dem Osmanischen Reich als Hauptakteuren. Dass handfeste strategische Interessen mit dem imperialistischen Gedankengut des frühen 20. Jahrhunderts einhergingen ist ein Faktum, das jedoch immer unter dem Gesichtspunkt des damaligen Zeitgeistes bewertet werden muss, um kein verzerrtes Bild der Bagdadbahn zu erhalten. Propagandisten der Bagdadbahn wie der deutsche Publizist Rohrbach sahen in der Bahn das notwendige Mittel, nationale Interessen gegenüber anderen Großmächten rücksichtslos durchzusetzen. Mit den Worten Rohrbachs, konnte die Vergrößerung des deutschen Nationalvermögens sowie die Begrenzung des Einflusses anderer Mächte nur durch die Stärkung der Integrität der Türkei erreicht werden.[108] Die Aufteilung von Interessensphären war zweifelsohne

---

106 BOA, Y.E.E.,No.1/46, 10 S. 1316 A.H.

107 Earle: S. 81

108 Rohrbach: S. 16

für die deutsche Verwicklung im Bagdadbahnprojekt neben wirtschaftlichen Gesichtspunkten entscheidend, um die „gebührende" Rolle einer Hegemonialmacht im Nahen Osten bzw. der islamischen Welt einnehmen zu können.

Diese Feststellung sollte jedoch nicht dazu verleiten, die deutsche „Orientpolitik" des beginnenden 20. Jahrhunderts als besonders aggressiv im Vergleich zur Politik der übrigen Großmächte zu bewerten. So haben andere Staaten weitaus offensiver und auch unter Einsatz militärischer Gewalt versucht, aus der Schwäche des Osmanischen Reiches Profit zu schlagen. Als Beispiele mögen die britische Besetzung des mit den Khediven (Vizekönigen) unter nomineller osmanischer Oberherrschaft stehenden Ägypten im Jahre 1882 bzw. die Annektierung Tunesiens im Jahre 1884 durch Frankreich dienen. Die deutsche Politik jedoch baute auf die starke Stellung Deutschlands im Osmanischen Reich, so dass man hoffte, wirtschaftliche und politische Interessen ohne größere Konflikte durchsetzen zu können. Doch sollte auch angeführt werden, dass das Osmanische Reich nicht völlig im Banne der deutschen Politik stand. So wurden zugegebenermaßen eher phantastische Pläne gewisser politischer Kreise von deutscher Seite, welche die Ansiedlung deutscher Siedler längs der Bahnstrecke in der Konyaebene vorsahen, jedoch nicht ernsthaft seitens der deutschen Regierung unterstützt wurden, von türkischer Seite energisch zurückgewiesen. Koloniale Absichten, die zweifelsohne bei einem Teil der politischen Meinungsträger innerhalb Deutschlands vorhanden waren, als eigentliche Absicht und Hauptmotivation des Bagdadbahnprojektes darzustellen, erscheint vor den historischen Fakten nicht haltbar. Insbesondere die negative Haltung Georg von Siemens' hinsichtlich der Ansiedlung deutscher Siedler entlang der Bagdadbahn, die er als realitätsfern, politisch unklug und sinnlos, sowie als technisch nicht durchführbar erachtet hatte, wirft ein deutliches Licht auf die Qualität derartiger Absichten. Weiterhin war die Deutsche Bank vertraglich angehalten, eventuelle Ansiedlungsversuche von deutschen oder Bürgern anderer Staaten im Osmanischen Reich nicht zu unterstützen.[109] Türki-

109 Friedman, Isaiah: Germany, Turkey, and Zionism 1897-1918, Transaction Publications, New Brunswick 1998, S. 155

sche Behörden schlossen ohnehin kategorisch den Verkauf von Land in der Gegend um Konya an deutsche Staatsbürger außerhalb der direkten Bahnbauvorhaben aus.[110] Auch das vorliegende Quellenmaterial des politischen Archivs des Auswärtigen Amtes in Berlin weist nicht auf ernst gemeinte Absichten in dieser Richtung hin. Vorschläge zum Siedlungsbau wurden zwar registriert, jedoch nicht ernsthaft verfolgt.[111]Gegen derartige Absichten spricht auch der Fakt, dass zeitweilig der Versuch unternommen wurde, das Bahnprojekt in Hinblick auf die Zusammensetzung der Anleger zu internationalisieren. Letztendlich wurde verfügt, dass Bürger ausländischer Staaten sich nicht in geschlossenen Siedlungen entlang der Bahnstrecke ansiedeln durften. Weiterhin kann beobachtet werden, dass die Anzahl deutscher Banken innerhalb des Osmanischen Reiches nach Erteilung der Konzession bedeutend zunahm, was die Bedeutung des Projektes für die deutsche Bankwirtschaft sowie ihre enge Zusammenarbeit mit der Industrie, die schließlich durch die Banken finanziert wurde vor Augen führt.[112] Wirtschaft und Strategie arbeiteten Hand in Hand zusammen: die Sicherung deutscher Interessen in der Nähe der Ölvorkommen und der Zugang zum Persischen Golf waren Teile des Versuches Deutschlands, auch geopolitisch eine Macht im Nahen Osten zu werden. Die Bagdadbahn war Teil des Wettlaufes der Großmächte so dass die Verschärfung der Rivalität und des Misstrauens die fragile Balance der Mächte untereinander zu bedrohen begann. Bestrebungen, grundlegende Wirtschafts- und Machtinteressen anderer Großmächte nicht zu tangieren, mussten daher illusorisch bleiben.

110 BOA Y.PRK.UM. 48/74, 3 B. 1317 A.H.

111 Bekir Sitki: S. 165

112 Earle: S. 95

Bautrupp der Bagdadbahn um 1913 (Quelle: Bundesarchiv)

8. Die Bagdadbahn: Wirtschaft und Politik im Osmanischen Reich

Die Bagdadbahn war für das Osmanische Reich nicht nur in strategischer, sondern auch in wirtschaftspolitischer Hinsicht von großer Bedeutung, was die allgemeine Entwicklung des Innenlandes betrifft. Es darf nicht vergessen werden, dass der Mangel an schnellen und modernen Transportmitteln zunächst die wirtschaftliche Entwicklung und die Förderung eines effektiven Binnenhandels behinderte. In der Vergangenheit hatten die mangelhaften Verkehrswege zu einer überproportionalen Präsenz importierter Produkte auf dem Markt führten. Natürlich kann argumentiert werden, dass die Industrialisierung im Reich bestenfalls als rudimentär bezeichnet werden kann: doch Rohstoffe für die Herstellung von Fertigwaren im Lande selbst waren vorhanden, so dass eine Bahnlinie quer durch Anatolien bis nach Bagdad größeren Warenverkehr versprach. Die Bedeutung der Bahnlinie - insbesondere auch auf lokaler Ebene - wird durch eine Vielzahl von Eingaben und Anfragen deutlich, welche die Bevölkerung nahe der Bahntrasse liegender Gebiete an die Verwaltung richtete. So wurde um Anbindung ans Bahnnetz entweder durch die Errichtung von Bahnhöfen oder aber den Bau von Strassen zur Bahnlinie hin gebeten, um ökonomisch an dieser teilhaben zu können.[113] Fabrikbauten entstanden längs der Bahnstrecke und private Investitionen wurden unterstützt: langsam aber sicher begann der Bahnbau erste bescheidene Früchte zu tragen.[114] Baumwollfabriken entstanden beispielsweise im Anbaugebiet jenseits des Taurusgebirges, angeschlossen daran und in Nähe zur Bahnstrecke schossen Garn und Stofffabriken in die Höhe, so dass Speditionen, Lagerverwaltungen und Zwischenhändler die neuen Eisenbahn für den Ausbau ihrer jeweiligen Gewerbe nutzen konnten. [115] Besonders Kopfbahnhöfe und Verkehrsknotenpunkte wie Konya oder Adana konnten vom Wirtschaftsaufschwung profitieren: auch ausländische - insbesondere deutsche - Investoren und Fabrikanten wie bei-

113 BOA Y.A. HUS. 272/67, 13 N. 1310 A.H.

114 BOA SD 62/49, 23 R. 1324 A.H.

115 BOA I.TNF. 16/1324/L-02, 9 L. 1324 A.H.

spielsweise der Baumwollspinner Georg Mais siedelten sich dort an und schufen Arbeitsplätze und Wohlstand. Auch die Lage von Ölvorkommen entlang der Trasse war natürlich ein profitables Geschäft für die Staatskasse. Wenn auch die Förderung des Öls im Rahmen der Konzession der Bagdad-Bahn Gesellschaft zustehen würde, hätte der Aufbau einer Ölindustrie im Inland beginnen können; der Transport des Rohstoffes zu den Märkten war ja durch das Transportnetz gesichert. Zunächst jedoch oblagen Erschließung und Betrieb der Ölquellen in der Region Bagdad/Mossul der Anatolischen Eisenbahngesellschaft bzw. der Bagdad-Bahn Gesellschaft.[116] Neben der Zunahme des Personen- und Güterverkehrs hatte die Bahnlinie natürlich auch eine strategische Bedeutung: der schnelle Transport von Truppen quer durch Anatolien bis nach Bagdad und schließlich ans Gebiet des Persischen Golfes hätte die Verteidigungsfähigkeit des Reiches massiv unterstützt.[117] Strategische Überlegungen waren für die türkische Seite schon in den 1890er Jahren während des Wettlaufs um die Konzessionen, als die Bagdadbahn noch reine Theorie und der genaue Streckenverlauf noch diskutiert wurde, bedeutend. So wurde beispielsweise in militärischen Kreisen die Bedeutung einer Bahnverbindung nach Bagdad, die auch an die Stadt Damaskus und somit die Region Syrien angeschlossen werden sollte, diskutiert und analysiert.[118]

116 BOA Y.MTV. 260/15, 1 Ra 1322 A.H.

117 Rohrbach: S.14

118 BOA,Y. PRK. ASK No. 89/8, 24 S. 1310 A.H.

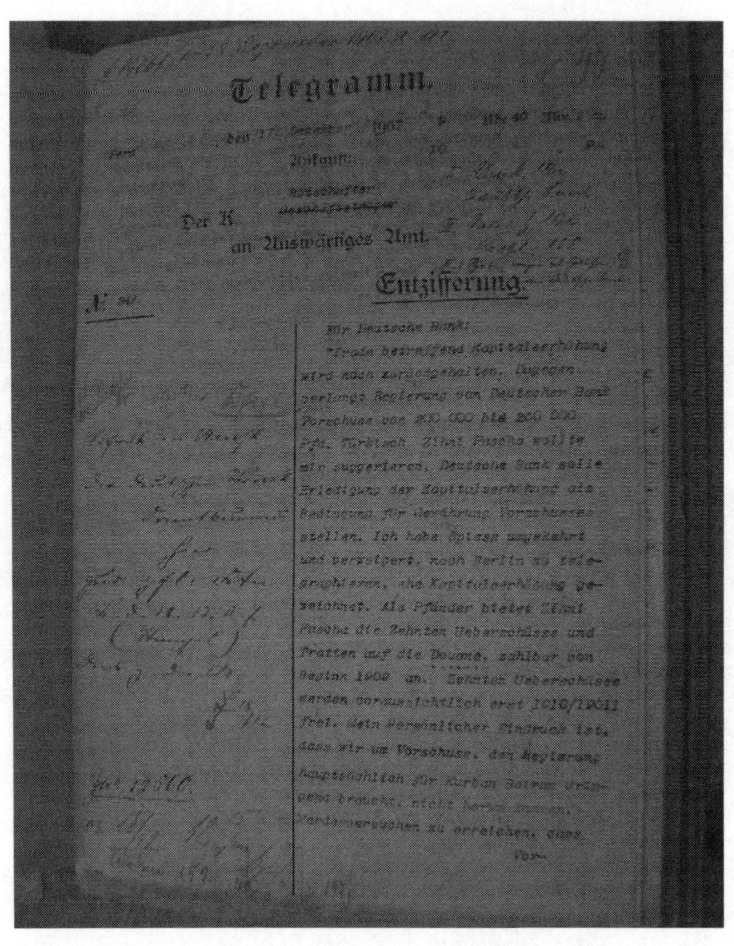

Telegramm.

Der K. Botschafter an Auswärtiges Amt.

Entzifferung.

Für Deutsche Bank:

"Frage betreffend Kapitalerhöhung wird noch zurückgehalten. Dagegen verlangt Regierung von Deutscher Bank Vorschuss von 200 000 bis 250 000 Pfd. Türkisch. Zihni Pascha wollte mir suggerieren, Deutsche Bank solle Erledigung der Kapitalerhöhung als Bedingung für Gewährung Vorschusses stellen. Ich habe Spiess umgekehrt und [illegible], noch Berlin zu telegraphieren, ehe Kapitalerhöhung gezeichnet. Als Pfänder bietet Zihni Pascha die Zehnten Ueberschüsse und Tratten auf die Douane, zahlbar von Beginn 1908 an. Zehnten Ueberschüsse werden voraussichtlich erst 1910/1911 frei. Mein persönlicher Eindruck ist, dass wir um Vorschuss, den Regierung hauptsächlich für Kurban Bairam dringend braucht, nicht herum kommen. [illegible] zu erreichen, dass Vor-

Anfrage an Deutsche Bank bezüglich Kapitalerhöhung (PAA Türkei No. 152, R 13489)

Lokomotive der Bagdadbahn nahe des Flusses Euphrat (Quelle: Library of Congress)

Auch verstärkte die Eisenbahnlinie durch schrittweise Anbindung von Peripherie und Zentrale den kulturellen und wirtschaftlichen Austausch zwischen den Landesteilen, so dass die bisher als ungeheuer weit empfundene Entfernung zwischen Istanbul und Bagdad relativiert wurde: die Menschen rückten näher zusammen. Die Bevölkerung des Vilayets (Provinz) Bagdad, insbesondere Beamtenkreise, unterstützten den Bahnbau als fortschrittliches Projekt, wobei Sympathien für Deutschland offen zu Tage traten. Man sah

Deutschland als ehrlichen Partner bei der Entwicklung der Region an.[119]

In Anbetracht der Tatsache, dass die heiligen Stätten der schiitischen Muslime in Kerbela und Nadschaf von einer wachsenden Zahl von Pilgern frequentiert wurden (allein im Jahre 1902 über 40000 Personen innerhalb einen Monats), gewann die Bagdadbahn, obwohl nur ein Teilstrecken operierend, für den Pilgertransport besonders auf der Teilstrecke Hanikin-Sadie-Bagdad-Kerbela-Nadschaf eine überragende Bedeutung.[120] Der sichere, schnelle und vor allem organisatorisch besser kontrollierbare Pilgerstrom konnte somit mittels moderner Infrastruktur bewältigt werden, was für die osmanische Verwaltung insbesondere im Hinblick auf innere Sicherheit und Hygiene bedeutend war. Während noch im Jahre 1892 in den Provinzen Bagdad, Basra und Mossul ca. 1,59 Millionen Einwohner lebten, stieg die Bevölkerung bis zum Jahre 1913 auf 2,371 Millionen an, was mit einer prozentualen Zunahme von 49 % weit über dem zu erwartenden natürlichen Bevölkerungswachstum lag. Im Übrigen lebte der Großteil der Bevölkerung des heutigen Irak auf dem Lande, 15% der Einwohner jedoch in den Städten Bagdad, Mossul, Hilla und Basra.[121] Der Schienenverlauf orientierte sich teilweise an alten Handelswegen und sorgte für die Verbindung ökonomischer Zentren entlang der Strecke, wodurch eine dramatische Steigerung des Umsatzes zu erwarten war. Das Emporium Konya als Ausgangspunkt mit damals 44000 Einwohnern sollte an die Eisenbahnstrecke Adana-Mersin, Zentren des Baumwollanbaus, angebunden werden. Nach Durchstich der Taurustunnel erreichte die Bahn Aleppo, den Knotenpunkt der Handelswege Anatoliens, Syriens und Mesopotamiens. Die Anbindung an die Handelsplätze Syriens, sowie an den Norden des heutigen Irak mit seiner prosperierenden Textilindustrie in der Region Mossul und auch den Mittelmeerhafen Beirut verhieß für die gesamte Region nicht nur Reichtum durch Handel, sondern auch direkte Anbindung an den Weltmarkt. Träume von einer Wiederherstellung des Wohlstandes, den die Region

119 PAA, Türkei No. 152, R 13473, A 11941 , 8. August 1902

120 PAA, Türkei No. 152, R 13473, A 10149 , 1. Juli 1902

121 Inalcik: S. 781

bis Ende des 18. Jahrhunderts einmal genossen hatte, erschienen wieder realistisch. Auch Bagdad, damals 145000 Einwohner zählend und nur noch ein Schatten seiner selbst, hatte sich erst seit der tüchtigen Entwicklungsarbeit des Gouverneurs Midhat Pascha wieder erholen können. Doch nur die Anbindung an die moderne Weltwirtschaft mittels des Schienennetzes versprach einen wirtschaftlichen Aufschwung der hauptsächlich vom Dattelhandel sowie vom Transitverkehr lebenden Stadt. Vor allem lokale Arbeitskräfte profitierten merklich von verhältnismäßig hohen Löhnen während der Bauarbeiten.[122]

Stationsgebäude von Mossul im Bau um 1911(Quelle: Library of Congress)

[122] Issawi, Charles: The Fertile Crescent, 1800-1914: A Documentary Economic History, Oxford University Press, Oxford 1998, S. 38

Erwähnenswert ist auch, dass die Verbindung Bagdad-Basra mittels Raddampfern seitens der britisch - amerikanischen Lynch - Company betrieben wurde.[123] Der britische Widerstand gegen eine Ausweitung der Bahnstrecke bis nach Basra ist besser verständlich, wenn man diese Voraussetzungen berücksichtigt. Schließlich hätte die Bahn den Verlust einer wirtschaftlich und auch strategisch bedeutsamen Verbindung bedeutet, sowie den Markt deutschen Finanzinteressen preisgegeben. Für die Region war jedoch die Anbindung an das Bahnnetz hoch attraktiv: die veralteten Dampfer verkehrten unregelmäßig, waren aufgrund eines politisch bedingten Monopols und des Mangels an anderen Transportmitteln jedoch alternativlos. Doch waren die Folgen für die Wirtschaft der Region sehr ungünstig: als Resultat war der Transport von Waren von Bagdad nach Basra teurer als beispielsweise von Basra nach London.[124] Auch waren die Dampfer, die auf den Flussläufen verkehrten, nicht selten Zielscheibe der Überfälle räuberischer Beduinen: eine Bahnlinie hingegen wäre leichter zu verteidigen gewesen.[125] Weiterhin erwähnenswert auch unter sozialem Aspekt ist die Zusammensetzung der beim Bahnbau eingesetzten Facharbeiter, Hilfsarbeiter sowie leitenden Ingenieure. Während viele Bahnarbeiter entlang verschiedener Streckenabschnitte in ihrer Heimatregion als Vertragsarbeiter angeworben wurden und somit hauptsächlich türkische Staatsangehörige waren, trug der Bahnbau zunächst zeitweilig zur Beschäftigung in bisher wirtschaftlich eher unterentwickelten Regionen bei.

---

123 BOA Y.A. HUS. 397/118, 22. S. 1317 A.H.

124 Earle: S. 76

125 BOA HR.SYS. 108/56, 6.05.1908 A.D.

Maschinenschuppen des Bahnhofs von Bagdad um 1910 (Quelle: Library of Congress)

Auch konnte beobachtet werden, dass Arbeiter aus benachbarten Provinzen und, wie im Falle der Streckenabschnitte in Mesopotamien, sogar aus dem benachbarten Persien anreisten, was die Förderung der Mobilität der Bevölkerung durch den Bahnbau veranschaulicht. Facharbeiter für spezialisierte Tätigkeiten wurden hingegen oftmals aus dem Ausland angeworben: so waren Steinmetze aus Italien beim gesamten Streckenbau, besonders beim Bau der

Bahnhöfe im Einsatz. Des Weiteren waren Steinmetze aus Montenegro in größeren Bautrupps beim Bahnbau fest angestellt. Konflikte und Streitigkeiten unter den Arbeitern aus verschiedenen Ländern waren Teil des Alltags. Wüste Schlägereien zwischen betrunkenen Arbeitern waren durchaus keine Seltenheit.[126] Im Jahre 1914 betrug die Anzahl der fest angestellten ausländischen Fachkräfte 1500 Mann.[127] Insgesamt waren beim Bau rund 35000 Mann beschäftigt.

Die soziale Struktur der Angestellten im Bahnbau wird auch in der Zusammensetzung des Fachpersonals deutlich: leitende Ingenieure und Fachleute waren fast ausschließlich hoch bezahlte Ausländer, fast immer aus Deutschland. Darauffolgend unterstanden die „mittleren Tätigkeiten" wie Projektleiter, Verwaltung etc. meistens osmanischen Staatsangehörigen muslimischer bzw. christlicher Konfession, wobei die Zusammensetzung trotz muslimischer Bevölkerungsmehrheit relativ paritätisch war. Hilfsarbeiter bzw. ungelernte Arbeiter setzten sich hingegen fast ausschließlich aus Muslimen, oftmals in der jeweiligen Region angeworben, zusammen. Die Bezahlung ausländischer Arbeiter war bedeutend höher als der Lohn der Einheimischen. Berücksichtigt man jedoch die Qualifikation der zumeist deutschen Ingenieure, erscheint diese Vorgehensweise weniger als Diskriminierung, denn als Zeugnis für die erst in den Kinderschuhen steckende Ausbildung einheimischer Fachkräfte, die im übrigen Universitäts- bzw. Fachhochschulabschlüsse im Ausland erwarben.

Insbesondere nach Wiedereinführung der Verfassung im Jahre 1908 stellte die Bagdadbahn auch in der Innenpolitik einen zentralen Faktor dar. Das Parlament war wiedereröffnet worden, alle Bevölkerungsschichten des Osmanischen Reiches waren wie elektrisiert von bisher nur heimlich diskutierten Ideen und Losungen, die Freiheit, Gleichheit, Brüderlichkeit und natürlich den Fortschritt propagierten. Nach 30 Jahren existierte wieder eine parlamentarisch-verfassungsmäßige Ordnung, Politiker wagten sich auf das Parkett der internationalen und lokalen Politik. Zeitungen sprossen wie Pilze aus dem Boden, leidenschaftliche Debatten waren an der Ta-

---

126 BOA, BEO, 804/60271, 22 M. 1314 A.H.

127 Inalcik: S. 809

gesordnung, die traditionelle Ordnung wurde in Frage gestellt. Die allumfassende Macht Abdülhamit II. gehörte der Vergangenheit an, die öffentliche Meinung begann zumindest in den größeren Städten Einfluss auf die Politik zu nehmen. Ausländische Investitionen und Einfluss wurden kritisch hinterfragt, und auch die Bagdadbahn und ihre Betreiber mussten den geänderten Verhältnissen Rechnung tragen. Die Zeiten, in denen ein Machtwort des allmächtigen osmanischen Herrschers über Bauprojekte entschieden hatte, waren vorüber, Unternehmer und Anleger wie Gwinner oder die Deutsche Bank mussten sich nunmehr, wie aus Deutschland gewohnt, mit parlamentarischen Kommissionen auseinandersetzen. Die Bagdadbahn wurde Gegenstand von Parlamentsdebatten, schließlich waren die Konditionen zum Betrieb und Weiterbau ja unter der gestürzten Regierung ausgehandelt worden. Letztendlich wurde die Bagdad-Bahn Gesellschaft in bewährter Weise weitergeführt, hatte jedoch mehr Rücksicht auf lokale Bedürfnisse zu nehmen. Für Lokalpolitiker wiederum stellte nach Einzug des Parlamentarismus die Bagdadbahn einen wichtigen Wirtschaftsfaktor für die Entwicklung ihrer Wahlkreise dar, wodurch sie auch in innenpolitischer Weise zu einem viel beachteten Politikum wurde.

Neben Kommerz und Verkehr bewirkte die Bagdadbahn auch einen Aufschwung der Landwirtschaft. Neben gesteigerten Exportmöglichkeiten für Agrarprodukte wurden entlang den Bahnlinien muslimische Aussiedler z.B. aus dem Balkan oder dem Kaukasus gezielt angesiedelt. Auf diese Art und Weise wurde die agrarische Entwicklung des Landes vorangetrieben: die angesiedelten Landwirte brachten fortgeschrittene Kenntnisse in Werkzeugherstellung und Agrartechnik mit und waren gleichzeitig für die Vermarktung ihrer Produkte ans Verkehrsnetz angebunden. Die Regierung stellte Finanzmittel zur Unterstützung dieser Vorhaben bereit.[128] Ähnliche Maßnahmen wurden entlang der gesamten Trasse der Bagdadbahn betrieben, so dass das Bahnprojekt nicht nur verkehrstechnisch und militärisch, sondern auch für die Entwicklung einer modernen Gesellschafts- und Produktionsstruktur eine Vorreiterrolle spielte.[129] So

128 BOA, MV No. 101/36, 29 S. 1327 A.H.

129 BOA Y.PRK.TNF No. 7/19, 10 L. 1319 A.H.

schloss das türkische Finanzministerium mit der Anatolischen Eisenbahngesellschaft im Jahre 1908 einen Vertrag über den Ausbau eines Bewässerungssystems in der Ebene um die Region Konya.[130] Auch der Schutz der Bahnstrecke gegen immer noch auftretende Überfälle bewaffneter Banden war Teil der Staatspolitik zur Sicherung der friedlichen Entwicklung des Innenlandes. Noch in den ersten Jahren des 20. Jahrhunderts überfielen und plünderten Räuberbanden Bahnstationen, Streckenposten und Fabriken, die sich entlang der Bahnlinie befanden.[131] Die Regierung ordnete die Stationierung von Gendarmerietruppen und Patrouillen berittener „fliegender Kolonnen" längs strategisch sensibler Punkte der Bahnlinie an. Bewährte und kampferprobte Militäreinheiten übernahmen die Bekämpfung der Gesetzlosen. Mittels Telegraphie wurde schnell Unterstützung angefordert und Truppen konnten notfalls direkt mit der Eisenbahn schnell an die Brennpunkte gelangen. Die Bauten entlang der Bahnlinie mochten anfangs eine verlockende Beute für Banditen darstellen, doch die Bahn ermöglichte es schließlich, die Staatsmacht langfristig auch in bisher unzugänglichen Gebieten durchzusetzen und der Kriminalität entschlossen entgegenzutreten.

Die Bagdadbahn war in ihrer Gesamtheit ein symbolträchtiger Beweis der Einheit und Macht des Staates. Wenn auch die Linie ein Werk ausländischer Investoren war, sollte ihr Charakter eindeutig national bleiben: Verwaltungssprache war türkisch, und die Bahnangestellten trugen türkische Uniformen.[132]Im Übrigen waren Bahnhöfe nicht nur solide gebaut, sondern auch mit gewissem architektonischen Prunk ausgestattet, da sie die Staatsmacht auch in den entlegensten Gebieten repräsentierten, was sie zu Symbolen des Staates und auch des Fortschritts machte. Auch in kultureller Hinsicht hatte der Bahnbau, sowohl der Bagdadbahn als auch anderer Bahnlinien noch andere Nebeneffekte außer „völkerverbindend" zu sein. So traten bei den Trassierungsarbeiten der Bahn, die schließlich quer durch die Gebiete uralter Zivilisationen führten, eine große Anzahl antiker Fundstücke zu Tage. Nach Aufnahme der Bauarbei-

130 BOA Y.A.HUS. 514/7517 B. 1325 A.H.

131 BOA Dh.MKT. 1023/8, 5 N. 1323 A.H.

132 Ortayli: S.151

ten ab der Station Eregli im Jahre 1910 beschloss man, der Tatsache Rechnung zu tragen, dass das Gebiet auf dem die Bahnstrecke Richtung Taurus verlaufen sollte, seit Jahrtausenden Handelsroute und uralter Kulturboden seit den Zeiten der Hethiter war. Vor allem die deutschen Bauingenieure hatten sich schon seit Anfang der Arbeiten in ihrer Freizeit als Hobbyarchäologen betätigt. Nun ordneten die Behörden an, dass etwaige antike Funde, die im Rahmen der Trassenarbeiten entdeckt werden würden, mit besonderer Sorgfalt zu behandeln seien und das staatliche Antikenmuseum in Istanbul unverzüglich über Funde informiert werden müsse.[133] Als Resultat der Bahnbauarbeiten hat eine nicht unbeträchtliche Anzahl von antiken Artefakten den Weg in die Museen gefunden. Im Endeffekt fuhr die Bagdadbahn in ihrer ersten Betriebsphase aufgrund mangelnder Auslastung im Personen- und Güterverkehr wie erwartet mehr Verluste als Gewinne ein. Im Übrigen waren die Fahrpreise auch in der dritten Klasse in Bezug auf das Durchschnittseinkommen der Bevölkerung noch unverhältnismäßig hoch. Das rasch steigende Frachtvolumen jedoch führte zu rapidem Anstieg des Gütertransports, vor allem von Agrargütern und zu einer Belebung des Binnenhandels, so schrieb die Bahn ab ca. 1910 bereits schwarze Zahlen.[134] Natürlich bedeutete das Aufkommen der Eisenbahn zumindest entlang der Trasse das Ende von traditionellen Karawanentransporten und über Jahrhunderte beständig gebliebenen Transportstrukturen. Dennoch starben diese noch nicht völlig aus, da sie sich auf die Zulieferung von Waren ans Eisenbahnnetz neu orientieren konnten; schließlich hatte die Eisenbahnlinie bisher nicht vorhandene Kapazitäten im landwirtschaftlichen Sektor erschaffen. Schon im Jahre 1914 wurde mehr als die Hälfte des Gütertransports im Osmanischen Reich auf der Schiene bewerkstelligt. Jedoch muss bemerkt werden, dass fast das gesamte technische Zubehör für die Eisenbahnlinie aus dem Ausland importiert werden musste, da selbst Ersatzteile noch nicht im Inland hergestellt werden konnten. Die durch das Taurusgebirge geschlagenen Tunnel für den Bahnbetrieb waren im Verlauf des Ersten Weltkriegs auch von einer gewissen Bedeutung für den Kriegsverlauf, wenn auch die Bagdadbahn

133 BOA, DH.MUI, No. 98-1/39, 19 Ca 1328 A.H.

134 Inalcik: S. 811

nicht wirklich als kriegsentscheidender Faktor überbewertet werden sollte.Die Taurusverbindung war angesichts der Kämpfe an der Sinaifront und später in Palästina natürlich strategisch nicht unwichtig: während bisher beim Truppentransport die dringend benötigten Verstärkungen das Gebirge in zeitraubenden Märschen durchqueren mussten, konnte nunmehr der Nachschub sowie die Verstärkung schnellstens zur Front geschafft werden.

Erdarbeiten am zukünftigen Bahndamm um 1910: Baumaterial wird mittels Kamelkarawane angeliefert (Quelle: Library of Congress)

Auf diese Weise wurde es erheblich erleichtert, die Palästinafront bis Anfang 1918 gegen die britische Übermacht zu halten, sowie noch bis zum Waffenstillstand von Mondros im Oktober 1918 die

Linie südlich des Taurusgebirges erfolgreich zu verteidigen. Somit trug die Bagdadbahn auch im Ersten Weltkrieg zwar zu Erfolgen der verbündeten osmanischen und deutschen Heere bei, war aber aufgrund des nach wirtschaftlichen Interessen folgenden Streckenverlaufs militärisch nicht von der primären Bedeutung, die ihr oftmals zuerkannt worden ist.[135]

135 Hüber: S. 97

9. Die Bagdadbahn unter dem Gesichtspunkt der Multipolarität

Die politische Bedeutung der Bagdadbahn im Ringen der Großmächte um Macht und Einfluss kann in Hinblick auf die Theorie der internationalen Politik nur unter dem Gesichtspunkt der Multipolarität verstanden werden. Allgemein wird Multipolarität als ein Zustand verstanden, in welchem verschiedene Staaten gleichermaßen über Macht und Einfluss auf dem internationalen Parkett verfügen. Keine Macht darf jedoch deutlich stärker sein als die übrigen, da sonst das Machtgefüge zerstört werden wird. Vor allem ist von Bedeutung, dass keine der Mächte einschneidendes Übergewicht in den für die anderen Staaten als lebenswichtig empfundenen Bereichen (Wirtschaft, Militär,Politik) gewinnt. Andererseits kann innerhalb eines multipolaren Systems nur durch die strikte Aufrechterhaltung des Gleichgewichts der Mächte Stabilität garantiert werden, denn im Gegensatz zu bipolaren Systemen existiert keine Ordnungsmacht, welche durch Anreiz bzw. Druckausübung in der Lage wäre, die den Frieden garantierende Ordnung wiederherzustellen.[136] Eine weitere Besonderheit des multipolaren Systems ist die geringe Bedeutung von politischen Ideologien für Bündnisse bzw. Zusammenarbeit zwischen den Staaten.[137] So ist der Wechsel von Bündnissen bzw. Rivalität charakteristisch für multipolar zu definierende Systeme, wobei die internationale Politik zwischen den Jahren 1815 und 1914 eindeutig als multipolar zu bezeichnen ist.

Nach dem Wiener Kongress war es das erklärte Ziel der Großmächte, über regionale Konflikte herausgehende Kriege, die das System in seinen Grundfesten hätten erschüttern können, zu verhindern. Wenn auch eine Wahrung des Friedens nicht immer möglich war, ist man doch bemüht gewesen, gegensätzliche Interessen oder gar Kriege so weit wie möglich einzugrenzen und den Status Quo so weit wie möglich zu erhalten. Mit der Einigung Italiens im

136 Ari, Tayyar: Uluslararasi Iliskiler ve Dis Politikasi, Alfa Yay., Istanbul 2001, S. 122

137 Ari, S. 101

Jahre 1870 sowie der Gründung des Deutschen Reiches 1871 traten an Stelle von Preußen und Piemont zwar mächtigere Akteure, doch zeichnete sich insbesondere die Außenpolitik des deutschen Reichskanzlers Otto von Bismarck durch seine Bestrebungen zur Wahrung des Gleichgewichts aus. Innerhalb des von Bismarck angestrebten Bündnissystems sollte die Attraktivität von Kriegen zwischen den Großmächten verringert werden und vor allem die Annäherung Frankreichs an die Nachbarn des Deutschen Reiches, welche eine Einkreisung des Reiches zur Folge gehabt hätte, zu verhindern. Hierbei sind besonders der Zweibund zwischen Deutschland und Österreich (1879) der später als Dreibund (1882) auf Italien ausgeweitet wurde, sowie der Rückversicherungsvertrag (1887) zwischen Deutschland und Russland zu nennen.[138] Nach dem Rücktritt Bismarcks jedoch konnte die Kontinuität der deutschen Außenpolitik nicht in dem Maße gewahrt werden, welche die Stabilität zwischen den Großmächten gewahrt hätte. Das Flottenwettrüsten zwischen Deutschland und England und die Annäherung Frankreichs an Russland sowie an Großbritannien taten ein Übriges, um den bisherigen Modus vivendi zu erschweren. Für das Osmanische Reich bedeutete die Multipolarität vor allem eine Möglichkeit , durch vorsichtiges Taktieren in der Außenpolitik eigene Interessen zu verteidigen und somit den Nachteil gegenüber den Großmächten in politischer und militärischer Hinsicht auszugleichen. So führte das Bagdadbahnprojekt vor allem unter dem Gesichtspunkt des deutsch-britischen Flottenrüstungswettlaufs zu heftigen Diskussionen und parlamentarischen Debatten, was die Blockbildung innerhalb des nunmehr schon stark erstarrten Bündnissystems der Großmächte nur noch mehr verstärkte.[139] Es ist zu konstatieren, dass das Bagdadbahnprojekt die Polarisierung der Großmächte nur noch steigerte, und somit die Flexibilität von politischen und militärischen Allianzen verringerte.

Allein schon aufgrund der Nähe der Bahn zum Seeweg nach Indien am Persischen Golf, sowie aufgrund der Trassenführung entlang

---

138 Hillgruber, Andreas: Bismarcks Außenpolitik,Rombach&Co, Freiburg im Breisgau 1981, S. 176

139 BOA, HR.SYS., No. 108/62, 11.09.1909 A.H.

der gewaltigen Ölfelder war ein Interessenkonflikt zwischen Deutschland und dem britischen Empire unvermeidlich. Bezeichnend ist hierbei die Feststellung eines der „Väter" des Sykes-Picot Abkommens und britischen Kolonialpolitikers, Sir Mark Sykes, dass die Kontrolle über den Persischen Golf gleichbedeutend mit der Kontrolle über den gesamten Mittleren Osten wäre. Es muss auch darauf hingewiesen werden, dass die politische Situation der Bagdadbahn immer in Beziehung zur politischen Großwetterlage zwischen den Großmächten gesehen werden muss. Besonders die politischen Entwicklungen nach dem Jahre 1903 führten immer mehr zu einer politischen Isolierung Deutschlands im Rahmen der Blockbildung zwischen den europäischen Großmächten. Die Entente Cordiale zwischen England und Frankreich im Jahre 1904 und das britisch-russische Abkommen über den Ausgleich der Interessen in Persien im Jahre 1907 ließen die Rivalität zwischen den genannten Mächten schwinden, so dass politische und wirtschaftliche Aktivitäten innerhalb der jeweiligen Einflussgebiete nicht mehr zwangsläufig als Aggression angesehen wurden. Bestrebungen des isolierten Deutschen Reiches im Nahen Osten wurden jedoch nach wie vor mit gewisser Skepsis von den anderen Großmächte betrachtet, wobei die deutsche Außenpolitik ihrerseits die Gefahr einer „Einkreisung" Deutschlands sah. Die Eröffnung eines deutschen Konsulats in Bagdad im Jahre 1908 war ein weiteres Zeichen des Engagements Berlins in Mesopotamien und wurde mit entsprechenden negativen Reaktionen seitens der anderen Mächte kommentiert. Wesentlich für das Andauern des gegenseitigen Misstrauens war jedoch auch die fehlende Beteiligung britischen Kapitals in größerem Stil an der Bahnlinie, was eher auf innenpolitische Gründe in Großbritannien und nicht auf deutsche Bestrebungen zurückzuführen ist.[140] Weiterhin war Großbritannien bemüht, die eigene Außenpolitik mit der seiner Ententepartner in Einklang zu bringen.[141] Andererseits sollte auch darauf hingewiesen werden, dass Deutschland und Großbritannien letztendlich zu einem Teilausgleich gelangten, da auf eine

140 BOA, HR.SYS. No. 110/24, 19.12. 1911 A.H.

141 Hinsley, F.H. (ed.) : British Foreigh Policy under Sir Edward Grey, Cambridge University Press, Cambridge 1977, s 152

Verlängerung der Bahn bis nach Basra zunächst verzichtet wurde.[142] Gerade die diplomatischen Intrigen um die Verteilung von Aufsichtsratssitzen sowie die Verteilung von Anteilen an den Aktien bzw. Anleiheanteilen führten nach dem Tode von Georg von Siemens im Jahre 1903 dazu, dass keine Internationalisierung der Bahngesellschaft, d.h. eine höhere Beteiligung französischer oder britischer Anleger zustande kommen konnte.[143] Damit blieb zwangsläufig der Anteil deutschen Kapitals in der Bagdad-Bahn Gesellschaft vorherrschend, was zur Assoziation der Bagdadbahn als „deutschem Projekt" beitrug. Hierbei waren natürlich sowohl deutsche Finanzkreise wie auch Regierungsmitglieder und auch der deutsche Kaiser nicht unbeteiligt: die Bagdadbahn als deutsches Projekt war politisches Programm, wobei der Versuch der finanziellen Beteiligung ausländischer Investoren zwar ernst gemeint war, deutsche Interessen jedoch naturgemäß im Vordergrund standen.[144]

Es kann konstatiert werden, dass das Bagdadbahnprojekt die logische Fortsetzung der traditionellen deutschen Orientpolitik darstellte. Die deutsche Militärhilfe für die Türkei sowie die außenpolitische Unterstützung für Konstantinopel sind als Teilbereiche einer Politik anzusehen, die die Erweiterung deutschen Einflusses im Orient anstrebte. Berlin erhoffte sich auf diese Weise auch die Sympathien der muslimischen Bevölkerung in unter englischer, französischer oder holländischer Kontrolle stehenden Kolonialgebieten zu erhalten und somit Druck auf seine Rivalen auszuüben. Dennoch war die Bagdadbahn ein primär wirtschaftspolitisches Unterfangen. Deutschland suchte vor allem ein Feld für die Ausweitung seiner Wirtschaftsmacht und hoffte -quasi als Nebeneffekt- auf eine wenn auch partielle Stärkung des Osmanischen Reiches durch die Bahnlinie. Dies ist weniger freundschaftlichen Bindungen als kalkulierender Machtpolitik zu verdanken. Während Staaten wie Großbritanni-

---

142 Lowe,C.J. , Dockrill, Michael L. : Mirage of Power: The Documents v. 3: British Foreign Policy: The DocumentS. Routledge & Kegan Paul PLC, London 1972, S. 468

143 Hüber: S. 70

144 PAA, Türkei No. 152, R 13473, A9917, 13.April 1902

en und Russland auf die Zerschlagung des Osmanischen Reiches spekulierend, sich schon im Vorfeld Einflussgebiete zu sichern bemühten, hatte Deutschland das Ziel der Erhaltung eben diese Reiches, da auf diese Weise Rohstoffmärkte bzw. Absatzmärkte für die eigene Wirtschaft ohne militärische Anstrengungen gewonnen werden konnten. Anstelle eines Verteilungskampfes sollte die Durchdringung des Osmanischen Reiches mit deutschen Wirtschaftsinteressen auf friedliche Weise das Deutsche Reich zu einem ebenbürtigen Rivalen der traditionellen Hegemonialmächte England und Frankreich im Nahen Osten machen. Dass man hoffte, auf diese Weise auch militärische und strategische Interessen durchzusetzen, und zwar mit Billigung der türkischen Seite, versteht sich von selbst.

Deutschland sah sich selbst als wohlwollenden Freund und Unterstützer des Osmanischen Reiches an, das als Gegenleistung selbstverständlich wirtschaftlichen und politischen Profit erwartete. Langfristig aber hatte Berlin dem Osmanischen Reich jedoch mehr oder weniger gönnerhaft die Rolle eines „Juniorpartners" zuerkannt. Die eventuelle Stärkung des Osmanischen Reiches durch das Bahnprojekt kam der britischen Seite nicht gelegen, nur eine schwache Türkei war geeignet, um den starken Einfluss Londons zu behaupten. Wirtschaftliches Engagement eines Staates bedeutete nicht nur einen Zuwachs von Macht und das Zurückdrängen von Rivalen, sondern vor allem auch von Prestige. Gerade der Prestigefaktor war jedoch von entscheidender Bedeutung im Wettlauf der imperialen Mächte um Einfluss und Ruhm. Empfundene Macht und Prestige konnten genauso ein politisches Druckmittel darstellen wie harte Fakten: die Kehrseite war jedoch, dass auch die empfundene Bedrohung durch den Rivalen zu ernsten Folgen führen konnte. Besonders vor dem Hintergrund der Blockbildung der europäischen Großmächte sollte sich dies als verhängnisvoll erweisen. Letztendlich war keiner der Staaten mehr dazu in der Lage, aus den fest zementierten Bündnissen auszubrechen ohne einen massiven Prestigeverlust hinzunehmen. Dieses konnte wiederum zu einer gefährlichen Isolierung in politischer Hinsicht führen, und keine der Großmächte konnte es riskieren, völlig auf sich gestellt zu agieren.

Auch wenn die Bagdadbahn auf wirtschaftlichen Interessen begründet gewesen sein mag, war sie doch ein Teil der Geopolitik im Nahen Osten. Die Zeit loser und variabler Bündnisse der Bismarckzeit, die Zeit der multipolaren Ordnung des internationalen Systems neigte sich jedoch seinem Ende zu, eine starre Blockbildung war die Folge. Die Großmächte hatten allesamt begonnen, innerhalb eines festen Bündnissystems zu agieren, aus dessen Rahmen auszubrechen mit den traditionellen Mitteln der Diplomatie längst nicht mehr möglich war. Zwangsläufig musste die Erhaltung des Status Quo zwischen den Mächten und damit die multipolare Machtstruktur ins Wanken geraten. Allein dem Bagdadbahnprojekt eine entscheidende Rolle für den Ausbruch des Weltkrieges beizumessen, erscheint als vermessen, doch war dieses zweifellos ein Baustein von vielen, der zur Herausbildung des Misstrauens entscheidend beitrug. Der Weg zur ersten Urkatastrophe des 20. Jahrhunderts, dem 1. Weltkrieg zeichnete sich langsam ab.

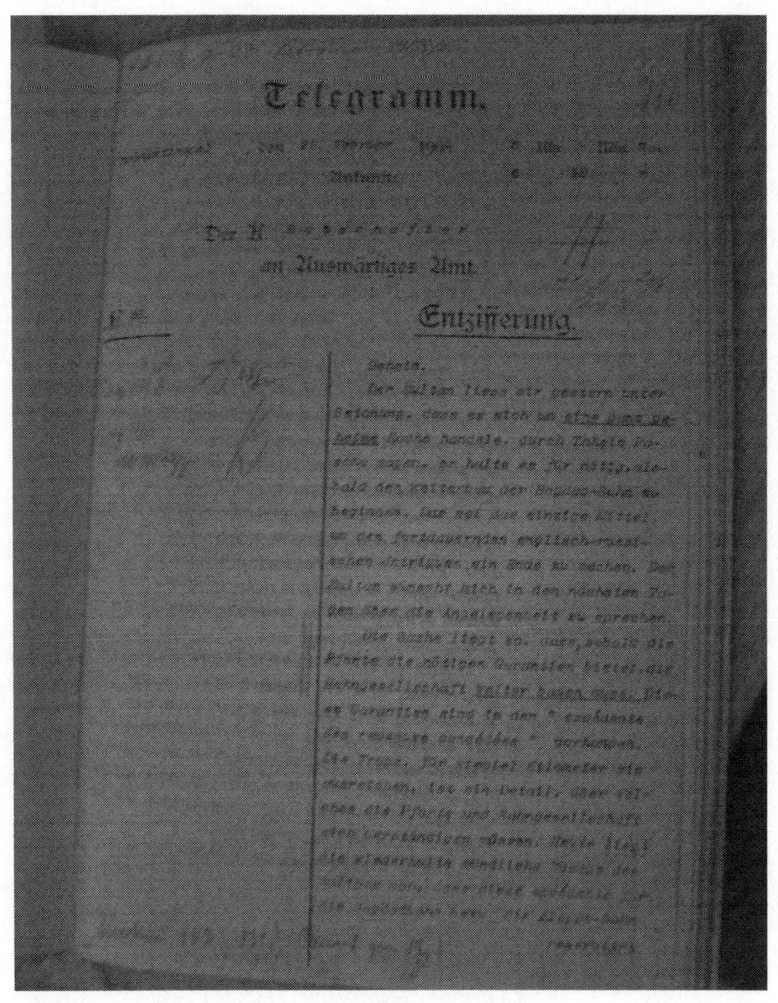

Telegramm.

an Auswärtiges Amt.

Entzifferung.

Weiterbau der Bagdadbahn als Mittel gegen britisch-russische Einflussnahme (PAA Türkei No. 152, R 13489)

Dokument bezüglich parlamentarischer Arbeiten über die Ansiedlung von bosnisch-muslimischen Einwanderern entlang der Bahntrasse der Anatolischen Eisenbahn (Osmanisches Archiv Ministerpräsidialamt MV 101/36 27. S. 1318 /17. 02.1901)

10. Nachwirkungen der Bagdadbahn

Das Ende des Ersten Weltkrieges führte für das Osmanische Reich mit dem Waffenstillstand von Mondros am 30 Oktober 1918 vorläufig zum Ende einer selbstständigen türkischen Eisenbahnpolitik, sowie zum Ende der Baumaßnahmen der Bagdadbahn. Laut den Vereinbarungen des Waffenstillstandes hatten die Alliierten das Recht, die Kontrolle über alle Bahnlinien des Osmanischen Reiches zu übernehmen, so dass die Anatolischen Eisenbahnen und die Bagdadbahn unter Kontrolle der Siegermächte fielen, wenn auch der Betrieb weiter seitens der Angestellten der Gesellschaft verrichtet wurde. Die Ausweisung deutscher Staatsangehöriger nach Ende des Krieges aufgrund der Waffenstillstandsbedingungen beendete auch das Arbeitsverhältnis fast aller an der Bahn tätigen deutschen Ingenieure, die Regelung des finanziellen Status wurde auf die Friedenskonferenzen verschoben.

Die Herausbildung einer nationalen Widerstandsbewegung unter Mustafa Kemal Pascha (Atatürk) in Ankara gegen die Besatzungsmächte seit 1919 veränderte auch die Stellung der auf türkischem Gebiet verbliebenen Abschnitte der Bagdadbahn. Die unter Kontrolle der Nationalregierung stehenden Streckenabschnitte wurden seit März 1920 faktisch durch Ankara kontrolliert. Im Jahre 1921 nach dem Ausgleich zwischen der Ankara-Regierung und Frankreich wurden die Abschnitte Bozanti-Aleppo-Nusaybin zunächst einem französischen Konsortium übertragen, der Bagdad-Bahn Gesellschaft wurde eine Entschädigung angeboten. Nach Ende der Kampfhandlungen und Ausrufung der Republik im Jahre 1923 war der Ausbau eines leistungsfähigen Bahnnetzes eine der Prioritäten des jungen Staates. Im Jahre 1924 beschloss die Große Türkische Nationalversammlung das Gesetz Nr. 506 über den Rückkauf der Anatolischen Eisenbahnen einschließlich der Bagdadbahn.

Im Jahre 1928 fielen schließlich die Anatolischen Eisenbahnen durch einen Vertrag zwischen der Anatolischen Eisenbahngesellschaft und der Regierung an die Türkische Staatseisenbahn. In den Jahren 1929-1932 wurden entsprechende Vereinbarungen auch mit dem französischen Konsortium geschlossen, so dass ab 1933 der auf türkischem Gebiet verbliebene Teil der Bagdadbahn ebenfalls dem türkischen Staat zufiel.

Im Jahr 1935 erlangte das 1921 gegründete Königreich Irak die Souveränität, was sich auch im Bereich des Eisenbahnwesens niederschlug. Während der Mandatszeit strebte das Britische Empire den Ausbau der auf irakischem Gebiet verlaufenden Bahnen an. Im Gegensatz zur bisherigen Spurweite der Bagdadbahn wurde jedoch eine Schmalspurbahn bevorzugt. Auch war gerade der geplante Ausbau der irakischen Bahnen während der Mandatszeit von wirtschaftlichen Interessen, genauer gesagt von den Interessen der Ölindustrie bestimmt. Das im Nordirak in immer größerem Ausmaß geförderte Öl war auf schnellstem Wege zu den Exporthäfen zu befördern. Hierbei schwebte der britischen Mandatsmacht eine Streckenführung vor, welche die Ölfelder um Mossul mit dem Hafen Haifa in Palästina, ebenfalls unter britischem Mandat stehend, verbinden sollte. Der Transport des Rohöls per Bahn zum Mittelmeerhafen Haifa hätte sowohl die Transportdauer des Öls verkürzt als auch den Bedarf an Öl der britischen Flottenbasen im Mittelmeer wie Gibraltar, Zypern oder Malta mit abdecken können. Erst unter Berücksichtigung dieses Aspekts, nämlich der strategischen Positionierung Großbritanniens im Nahen Osten und am Mittelmeer, wird die Bedeutung sowohl der britischen Präsenz im Irak als auch im Mandatsgebiet Palästina deutlich. Die irakische Seite hatte größeres Interesse an der Anbindung an den internationalen Bahnverkehr als an einer rein auf Öltransport fixierten Bahnlinie und konnte sich letztlich auch durchsetzen. Die Bauarbeiten zum Anschluss an das Streckennetz der ursprünglichen Bagdadbahn begannen 18 Jahre nach deren erzwungener Unterbrechung im Jahre 1936, während für den Öltransport nach Haifa mit dem Bau einer Pipeline begonnen wurde. Die Pipeline wurde jedoch mit Beginn des israelisch-arabischen Krieges von 1948 stillgelegt.

Am 17. Juli 1940 konnte endlich der erste Zug von Istanbul nach Bagdad fahren, der Traum einer Bahnlinie Istanbul-Bagdad auf einer 2500 km langen Strecke war Wirklichkeit geworden.[145] Doch wieder verhinderten die Wirren der internationalen Politik den friedlichen Betrieb der Bahnlinie: die neutrale Türkei hatte mit massiven wirtschaftlichen Engpässen zu kämpfen und der mit England

145 Pönicke, S. 28

verbündete Irak wurde in den Strudel des Zweiten Weltkriegs, verbunden mit inneren Unruhen, hineingerissen. Erst nach Kriegsende konnte die Personenbeförderung in vollem Masse aufgenommen werden, und Züge rollten wieder ungehindert von Istanbul bis nach Bagdad. Die Strecke Istanbul-Bagdad selbst war bis zu Beginn des zweiten Golfkriegs mit kriegsbedingten Unterbrechungen für den Personenverkehr geöffnet. Ein Neubeginn der Personenbeförderung Istanbul-Bagdad durch ein bilaterales Abkommen im Jahre 2002 wurde aufgrund der Kriegsereignisse bisher nicht verwirklicht.

Fazit: Die Bagdadbahn in geopolitischer Bewertung

Fakt ist, dass die Bagdadbahn sowohl in politischer als auch militärischer Hinsicht zweifellos einen wichtigen Faktor in der Rivalität und im Wettstreit der Großmächte zu Beginn des 20. Jahrhunderts darstellte, das praktische vorhandene Konfliktpotential jedoch relativ gering war. Die Frage jedoch, ob die Bagdadbahn das klassische Beispiel für den viel beschworenen deutschen „Drang nach Osten" im Orient und angeblich rücksichtslose deutsche Machtpolitik darstellt, hängt nicht nur von der jeweiligen Betrachtungsweise ab, sondern sollte unter rationaler Analyse der bekannten Faktoren geschehen. Es darf nicht vergessen werden, dass die Bahnlinie letztendlich auf dem Gebiet eines im Gegensatz zu den Großmächten zwar recht schwachen, aber dennoch souveränen Staat, nämlich dem Osmanischen Reich errichtet wurde. Dass auch das Osmanische Reich aus der Rivalität der Großmächte Kapital schlagen, nämlich durch die Anlehnung an Deutschland die eigene Souveränität festigen wollte, darf in der Bewertung des Bahnbauprojektes keinesfalls übersehen werden. Der wirtschaftlich immer stärker wachsende Einfluss Deutschlands im Osmanischen Reich muss immer unter dem Gesichtspunkt zu türkischen Vorstößen bewertet werden, eine Art Machtgleichgewicht wiederherzustellen und mehr eigenen politischen Spielraum zu erlangen.

Eindeutig belegbar ist jedenfalls die Politik, die von allen am Projekt Bagdadbahn beteiligten Akteuren im Hinblick auf das Osmanische Reich betrieben wurde. Im Gegensatz zu offener Kolonialpolitik und territorialen Eroberungen auf Kosten des Osmanischen Reiches stellten wirtschaftliche Durchdringung und Einfluss auf die Politik mittels ökonomischer Druckmittel ein optimales Rezept für die Ausweitung von Interessensphären der betreffenden Staaten darein bemerkenswert modern anmutendes Konzept. Es wäre aber nicht korrekt zu behaupten, das Bahnprojekt wäre ein verkappter deutscher Versuch gewesen, maßlose Imperialismuspolitik ohne Rücksicht auf die Entstehung internationaler Konflikte zu betreiben. Wenn auch Deutschland die Bahn nach Kräften förderte, wurden doch die Aktivitäten von radikalen imperialen Propagandisten wie

Rohrbach seitens der deutschen Regierung mit Argwohn und Sorge betrachtet, da man gerade nicht wollte, dass die politische Lage sich wegen der Bagdadbahn verschärfte.[146] Objektiv gesehen ist die Bagdadbahn im Vergleich zu anderen Konflikten im ersten Viertel des 19. Jahrhunderts ein eher friedliches Projekt gewesen, in dessen Rahmen in den Jahren 1911/1912 sogar eine Art Ausgleich zwischen den Mächten stattfand. Selbst für den späteren Kriegseintritt des Osmanischen Reiches auf Seiten der Mittelmächte im Oktober 1914 hat das Bagdadbahnprojekt eine eher untergeordnete Bedeutung gehabt.

Die Bagdadbahn war letztendlich nicht unbedingt ein Produkt der Überschätzung wilhelminischen Großmachtdenkens oder der entscheidende Schritt hin zum Ersten Weltkrieg. Vielmehr war sie einer von vielen Steinen, die auf dem Feld der Rivalität der europäischen Kabinette durch die jeweiligen Diplomaten wie in einer Art gigantischem Schachspiel eingesetzt wurden. Im Unterschied zu anderen politischen Krisen bzw. strategischen Entscheidungen waren hinter der Bagdadbahn jedoch handfeste wirtschaftliche Interessen wie der Wettstreit um Ölvorkommen vorhanden, deren Einfluss nicht mehr nur durch die Politik kontrolliert werden konnte. Des Weiteren hatte sich die internationale Politik gewandelt: noch immer führten die Diplomaten ihre Züge im Stil der geheimen Politik der Kabinette, als gäbe es nicht bereits die Presse, Parlamentsdebatten und eine öffentliche Meinung. Vor diesem Hintergrund konnten politische Schachzüge oftmals eine Eigendynamik entwickeln, die man mit den bisherigen politischen Mechanismen nicht mehr aufzuhalten vermochte. Auch das Bagdadbahnprojekt ist durch die öffentliche Meinung innerhalb aller beteiligten Staaten emotional stark behaftet gewesen und wurde übermäßig politisiert. Letztendlich war die Bahn ein auf fremdes Knowhow sowie fremde Finanzinteressen ausgerichtetes Projekt gewesen, was für die osmanische Seite zwar die Erfüllung verkehrspolitischer Ziele darstellte, jedoch aufgrund der fehlenden Unabhängigkeit bei der Durchführung und Planung nicht wirklich die Bedürfnisse des Landes abdecken konnte. Wahren Nutzen sowohl für die Türkei als auch ihre Nachbarstaaten erlangte

146 PAA, Türkei No. 152, R 13473, A 10706, 28 Juni 1902

die Bagdadbahn jedoch erst durch den weiteren Ausbau des Gesamtschienennetzes und den Aufkauf der verbliebenen Streckennetze durch die Türkischen Staatseisenbahnen. Der Weg für die friedliche verkehrspolitische Entwicklung der Region, von der alle benachbarten Staaten und ihre Einwohner profitieren konnten, war gelegt. Die Bagdadbahn erlangte den ihr zustehenden Platz in der Geschichtsschreibung und fasziniert immer noch als lebendiges Baudenkmal durch ihre technische Perfektion. Ihr alle Himmelsrichtungen verbindender Schienenstrang aber ermöglicht weiterhin friedliche internationale Kooperation und Völkerverständigung.

Quellen und Literatur

Osmanisches Archiv Ministerpräsidialamt/ Başbakanlık Osmanlı Arşivi (BOA)

Archivfonds:

A.AMD
A.MKT.MHM
BEO
DH.MKT
DH.MUI
HR.SYS
I.DH
I.HUS.
I. TAL
I.TNF
Y.RK.UM
MV
SD
Y.A.HUS
Y.EE
Y.MTV
Y.PRK.ASK.
Y.PRK.BSK
Y.PRK.ESA
Y.PRK.TN
Y.PRK.TKM

Politisches Archiv des Auswärtigen Amtes (PAA)

Archivfonds:

Türkei No. 152, Bd. 28/29"Eisenbahnen in der asiatischen Türkei",, R 13473

Türkei No. 152, Bd. 43/44"Eisenbahnen in der asiatischen Türkei", R 1348

Literatur (Auswahl)

Anderson, M.S.: The Eastern Question 1774-1923. A Study in International Relations. Macmillian press, London 1972

Ari, Tayyar: Uluslararasi Iliskiler ve Dis Politikasi, Alfa Yay., Istanbul 2001

Barlas, Dilek: Etatism and Diplomacy in Turkey: Economic and Foreign Policy Strategies in an Uncertain World, 1929-1939, Brill, Leiden 1998

Berg, Manfred/ Gassert, Philipp(Hrsg.): Deutschland und die USA in der Internationalen Geschichte des 20. Jahrhunderts. Festschrift für Detlef Junker, Franz Steiner Verlag, Wiesbaden 2004

Brown, Carl L. (Hrsg.): Imperial Legacy. The Ottoman Impact on the Balkans and the Middle East Columbia University Press, New York 2000

Conrad, Sebastian/Osterhammel, Jürgen (Hrsg.): Das Kaiserreich transnational. Deutschland in der Welt 1871-1918,Benhoeck und Rupprecht, Göttingen 2004

Doyle, W. Michale: Empires, Cornell University Press, Ithaca/London 1986,s. 262

Earle, Edward Mead: Bağdat Demir ve Petrol Yolu Savaşı (1903-1923). Örgün Yayınevi, İstanbul 2003

Gutsche, Wilhelm: Monopole, Staat und Expansion vor 1914 ,Akademie Verlag, Berlin 1986

Eichholtz, Dietrich: Die Bagdadbahn, Mesopotamien und die deutsche Ölpolitik bis 1918. Aufhaltsamer Uebergang ins Erdölzeitalter. Leipziger Universitätsverlag, Leipzig 2007

Fisher, Alan W. : The Russian Annexation of the Crimea 1772-1783, Cambridge University Press, London 1970

Friedman, Isaiah: Germany, Turkey, and Zionism 1897-1918, Transaction Publications, New Brunswick 1998

Heigl, Peter: Schotter für die Wüste. Die Bagdadbahn und ihre deutschen Bauingenieure. Druckhaus Oberpfalz, Amberg 2004

Hershlag, Z.Y.: Introduction to the Modern Economic History of the Middle East, Brill Publ, Leiden 1997

Hillgruber, Andreas: Bismarcks Außenpolitik, Rombach&Co, Freiburg im Breisgau 1981

Hinsley, F.H. (ed.) : British Foreigh Policy under Sir Edward Grey, Cambridge University Press, Cambridge 1977

Hüber, Reinhold: Die Bagdadbahn. Volk und Reich Verlag, Berlin 1943

Hobsbawm, Eric J.: Das imperiale Zeitalter 1875-1914. DTB Frankfurt am Main 1999

Hough, Richard: Periscope Publishing Ltd, Dreadnought: A History of the Modern Battleship, Penzance 2003

Ihsanoglu, Ekmeleddin (Hrsg.): Osmanli Devleti ve Medeniyeti Tarihi, c.1, IRCICA, Istanbul 1998

Inalcik, Halil: A Social and Economical History of the Ottoman Empire, Cambridge University Press, Cambridge 1994

Ingram, Edward (ed.): Eastern Questions in the Nineteenth Century: Collected Essays: Volume 2, Allan Cunningham, Frank Gass & Co. Ltd., London 1993

Issawi,Charles: The Economic Legacy. In: Brown, Carl L.(Hrsg.): Imperial Legacy. The Ottoman Impact on the Balkans and the Middle East. Columbia University Press,New York 2000

Issawi, Charles: The Fertile Crescent, 1800-1914: A Documentary Economic History, Oxford University Press, Oxford 1998

Kitchen, Martin: Political Economy of Germany, 1815-1914, Croom helm Publ., London 1978

Landau, Jacob M.:Pan-Turkism: From Irredentism to Cooperation, C. Hurst & Co., Hong Kong 1995 (reprint)

Lewis, Bernard: Modernlesen Türkiye`nin dogusu. TTK, Ankara, 1998

Lowe,C.J. , Dockrill, Michael L. : Mirage of Power: The Documents v. 3: British Foreign Policy: The Documents. Routledge & Kegan Paul PLC, London 1972

Ortayli, Ilber: Osmanli Imparatorlugunda Alman Nüfusu, Iletisim Yayinlari, Istanbul 1999

Pönicke, Herbert: Die Hedschas- und Bagdadbahn. Beiträge zur Technikgeschichte, BDI, Düsseldorf 1958

Röhl, John C.G.: Wilhelm II. Der Aufbau der Persönlichen Monarchie, C.H. Beck, München 2001

Rohrbach, Paul: Die Bagdadbahn. Verlag Wiegand und Grieben, Berlin 1902

Schmidt, Rainer F.: Deutschland und Europa. Außenpolitische Grundlinien zwischen Reichsgründung und Erstem Weltkrieg. HMRG Beihefte 58, Franz Steiner Verlag Stuttgart 2004

Schöllgen, Gregor: Imperialismus und Gleichgewicht. Deutschland, England und die orientalische Frage 1871-1914, Oldenbourg Verlag, München 2000

Seidenzahl, Fritz: 100 Jahre Deutsche Bank 1870-1970, Deutsche Bank, Frankfurt 1979

Sievers, Immo: Der europäische Einfluss auf die türkischen Bahnbauten bis 1914,Centaurus Verl., Pfaffenweiler 1991

Sitki, Bekir (Baykal): Das Bagdad-Bahn Problem 1890-1903,R.Goldschagg, Freiburg im Breisgau 1935

Winseck, Dwayne A., Pike, Robert M.:Communication and Empire: Media, Markets, and Globalization, 1860-1930, Duke University Press 2007

Wunberg, Gotthart: Jahrhundertwende, Narr, Tübingen 2001, s. 34

Zürcher, Erik Jan: The Unionist Factor: The Role of the Committee of Union and Progress in the Turkish National Movement 1905-1926, Brill, Leiden 1984

Zeitfracht Medien GmbH
Ferdinand-Jühlke-Straße 7
99095 Erfurt, Deutschland
produktsicherheit@kolibri360.de